A IGREJA EM SAÍDA E A CASA COMUM

João Décio Passos

A IGREJA EM SAÍDA E A
CASA COMUM

Francisco e os desafios da renovação

Dados Internacionais de Catalogação na Publicação (CIP)
(Câmara Brasileira do Livro, SP, Brasil)

Passos, João Décio
  A Igreja em saída e a casa comum : Francisco e os desafios da renovação / João Décio Passos. – São Paulo : Paulinas, 2016. – (Coleção Francisco)

  ISBN 978-85-356-4085-4

  1. Francisco, Papa, 1936- 2. História eclesiástica 3. Igreja - Cristianismo 4. Renovação da Igreja I. Título. II. Série.

  16-00153   CDD-262.0017

Índice para catálogo sistemático:

1. Igreja : Renovação : Cristianismo   262.0017

1ª edição – 2016

Direção-geral: *Bernadete Boff*
Editores responsáveis: *Vera Ivanise Bombonatto*
e Afonso M. L. Soares
Copidesque: *Cirano Dias Pelin*
Coordenação de revisão: *Marina Mendonça*
Revisão: *Mônica Elaine G. S. Costa*
Gerente de produção: *Felício Calegaro Neto*
Projeto gráfico: *Manuel Rebelato Miramontes*
Diagramação: *Irene Asato Ruiz*
Imagem da capa: *Servizio Fotografico*
de L'Osservatore Romano
©NASA Goddard Space Flight Center,
Flickr, 2010

Nenhuma parte desta obra poderá ser reproduzida ou transmitida por qualquer forma e/ou quaisquer meios (eletrônico ou mecânico, incluindo fotocópia e gravação) ou arquivada em qualquer sistema de banco de dados sem permissão escrita da Editora. Direitos reservados.

Paulinas
Rua Dona Inácia Uchoa, 62
04110-020 — São Paulo — SP (Brasil)
Tel.: (11) 2125-3500
http://www.paulinas.org.br
editora@paulinas.com.br
Telemarketing e SAC: 0800-7010081
© Pia Sociedade Filhas de São Paulo — São Paulo, 2016

Não ignoro que hoje os documentos não
suscitam o mesmo interesse que noutras
épocas, acabando rapidamente esquecidos.
Apesar disso sublinho que, aquilo que pretendo
deixar expresso aqui, possui um significado
programático e tem consequências importantes.

(*Evangelii Gaudium* 25)

SUMÁRIO

Introdução 9

Parte I – Papa Francisco: o reformador da Igreja 21
1 Francisco na Igreja e no mundo..................................24
2 Papa Francisco, entre o carisma e a crise 41

Parte II – O Vaticano II e a reforma permanente da Igreja.....57
1 O marco conciliar 60
2 Do fim do mundo para o bispado de Roma 75

Parte III – Caminhos e resultados do diálogo........................91
1 O método: caminho entre a Igreja e o mundo 94
2 As casas do diálogo..108

Parte IV – Os desafios das reformas 121
1 A Igreja *em saída* e a Igreja *que fica*.........................124
2 A construção da *casa comum* 136

Parte V – Sob o olhar de Francisco......................................153
1 A *Igreja em saída* e a evangelização..........................156
2 A semente da *casa comum* 173

A renovação na direção do Reino...193

Bibliografia..205

INTRODUÇÃO

> [...] prefiro uma Igreja acidentada, ferida, enlameada por ter saído pelas estradas, a uma Igreja enferma pelo fechamento e a comodidade de se agarrar às próprias seguranças. Não quero uma Igreja preocupada com ser o centro, e que acaba presa em um emaranhado de obsessões e procedimentos (*Evangelii Gaudium* 49).

> O urgente desafio de proteger a casa comum inclui a preocupação de unir toda a família humana na busca de um desenvolvimento sustentável e integral [...] (*Laudato Si'* 13).

A programática do pontificado do Papa Francisco lançada na exortação *Evangelii Gaudium* (EG) e a grande chamada a todos os católicos, cristãos e homens de boa vontade para se unirem em prol da vida planetária na encíclica *Laudato Si'* (LS) retiram a Igreja de sua autorreferencialidade e a colocam em outros epicentros: o coração do Evangelho, onde se encontra o Reino, e o coração do mundo, onde se encontra a vida humana situada no conjunto do sistema terra. A *Igreja em saída* se renova pela força do Evangelho e pela acolhida ao dom da vida a ser preservado e promovido, sobretudo àqueles mais necessitados: os pobres e os sofredores. Com esses dois documentos, Francisco lança dois desafios gigantescos para si mesmo e para todos os membros da comunidade eclesial. As reações e expectativas em relação aos projetos não são menores. Tanto os que pretendem conservar as estruturas estáveis da Igreja, em nome da tradição e até em nome de Deus, quanto os que defendem a conservação do sistema de domínio do planeta, em nome do regime capitalista e até da liberdade humana, rejeitam as programáticas como utópicas e irresponsáveis. Os críticos, os renovadores e os esperançosos acolhem com euforia e querem ver mudanças rápidas na Igreja e nas ações econômicas e tecnocráticas que regem o mundo em todos os aspectos.

As programáticas estão lançadas, como gritos de alerta e como propostas de ações urgentes. Não há o que esperar para reformar a Igreja com o Evangelho do serviço e o mundo com o Evangelho da criação. Francisco permanece com seu carisma mantendo essa chama acesa com paciência, transparência e coragem. A Igreja envelhecida e o mundo depredado continuam gemendo por mudanças urgentes. As programáticas são profecias que denunciam as coisas velhas que geram egoísmo e morte e anunciam as coisas novas que geram vida, mas são também convocações concretas para renovações urgentes de posturas, de dinâmicas e de estruturas instituídas. A renovação é, antes de tudo, mudança de rumo dos católicos e da humanidade, conversão eclesial e conversão ecológica.

Mas qual será precisamente a relação entre uma *Igreja em saída* e a *casa comum*? Em outros termos, qual a relação da Igreja com o mundo? Em termos mais específicos: qual a relação entre uma *Ecclesia semper reformanda* e uma visão de mundo como totalidade a ser preservada para as gerações presentes e futuras? Há, realmente, antes de tudo, duas teologias em jogo: uma da Igreja e uma do mundo. Mas há também uma pergunta teológica e pastoral fundamental: a do lugar da Igreja no mundo e do mundo na Igreja. A eclesiologia que afirma a necessidade da reforma permanente da Igreja assume o mundo não somente como o lugar onde a Igreja se insere como servidora radical, mas também como lugar de interrogações que contribuem – e por vezes podem forçar – para que a Igreja reveja suas estruturas e seu funcionamento. A história demonstra essa dinâmica sociocultural. A Igreja se inseriu em cada tempo e lugar e desses retirou elementos simbólicos, teóricos e políticos para pensar a si mesma e para planejar suas ações na sociedade. Hoje a Igreja pretende assumir essa dinâmica conscientemente, ou seja, antecipar na compreensão de si mesma e de sua missão o seu lugar na sociedade atual. A posição de inserção no mundo como sinal e serviço, a postura de discernimento dos *sinais dos tempos* e de inculturação são demarcações práticas e teóricas retiradas das fontes do Concílio Vaticano II, bem como das vivências de suas orientações nos tempos que sucederam o grande evento.

Portanto, o lugar do mundo na Igreja é sempre um desafio ao discernimento. O mundo não constitui uma grandeza oposta à Igreja, mas, como ensina o Concílio, uma grandeza que se insere no plano misterioso de Deus para o ser humano e para toda a criação (cf. GS Capítulo III). Ainda que seja lugar de ambiguidade e de múltiplas maldades pela própria condição humana, trata-se do tempo de a criatura humana exercer sua missão de cocriador, de exercer sua missão como imagem e semelhança de Deus. E mesmo que disso não tenha consciência, afirma o Vaticano II, o sujeito humano presta um serviço ao plano de Deus na medida em que constrói as condições mais favoráveis à vida humana na terra com os avanços científicos e tecnológicos, com a construção de conjunturas sociais e políticas. Nesse sentido, o diálogo com o mundo – entendido genericamente como os povos e as nações com suas idiossincrasias, como a sociedade civil organizada e como a civilização da cultura tecnocientífica –, e especificamente com o mundo globalizado – do ponto de vista da estruturação econômica, das redes sociais de comunicação e das tecnologias de um modo geral –, constitui uma tarefa inerente à própria natureza e missão da Igreja no mundo de hoje. Não há outro mundo no qual a Igreja possa estar presente e no qual deva se inserir de modo consciente, crítico e criativo. É nesse mundo concreto em que todos vivem, todos os homens com suas culturas e todos os seres vivos, que a Igreja de Jesus Cristo vive sua missão, sem subterfúgios, sendo a maior tentação o subterfúgio em si mesma.

A *Igreja em saída e a casa comum* são duas categorias centrais do pensamento do Papa Francisco que expressam sua posição em relação ao Concílio Vaticano II, como se verá no decorrer das reflexões que seguem. A visão da *Igreja em saída* está diretamente assentada no fundamento evangélico, no "coração do Evangelho", como costuma definir o papa. É do Evangelho que vem a seiva e o rumo de toda a ação e de qualquer organização da comunidade eclesial. O que foge dessa fonte original pode constituir empecilho para a missão da Igreja e deverá ser reformado. A visão do mundo como *casa comum* constitui a síntese atual de uma teologia do mundo, teologia que resgata o Evangelho da criação em diálogo com as visões ecológicas, econômicas e políticas do mundo atual. A *Igreja em saída* evita dois extremos: a Igreja sólida temerosa do mundo e fechada em si mesma (autocentrada) e a Igreja que se dissolve no mundo (mundanismo). A primeira postura reproduz a tradição intacta (vira museu) e se fecha em sua estrutura burocrática (vira uma empresa). A segunda reproduz as dinâmicas da sociedade atual, tornando-se individualista e hedonista. A afirmação do mundo como *casa comum* é uma demarcação ética que remete a todos os homens e mulheres para a busca de condições de vida sustentáveis para todos. Nessa tarefa devem convergir crentes e não crentes, as tradições e as tecnologias, a fé e a ciência. *A Igreja em saída* busca a *casa comum*. Afinal, sem essa condição comum não haverá humanidade e sequer a própria Igreja. O Vaticano II já afirmava essa missão fundamental da Igreja quando dizia: "É a pessoa humana que deve ser salva. É a sociedade humana que deve ser renovada" (GS 3). Hoje se pode traduzir essa postura dizendo: é o planeta que deve ser salvo e é o planeta que deve ser renovado. Sem essa salvação concreta, imediata e urgente, tudo o mais pode se perder, até mesmo o ser humano. A consciência da centralidade da vida em todos os processos históricos não retira o ser humano do centro do universo, mas o coloca a serviço do conjunto maior da vida, sem a qual nada subsiste. A *Igreja em saída* se coloca a serviço da vida. E a vida em todas as suas dimensões convida a Igreja a se renovar para servir. O imperativo categórico da vida determina a compreensão e a ação dos cristãos dentro e fora da Igreja. Fora da vida não há salvação, pode-se dizer com toda segurança ecológica, histórica e escatológica. A vida em abundância (Jo 10,10) é o centro da mensagem de Jesus, o valor fundamental dos seus seguidores.

A exortação *Evangelii Gaudium* e a encíclica *Laudato Si'* compõem esse conjunto teológico fundamental que bastaria por si mesmo para caracterizar o pensamento do Papa Francisco. Se o papa não escrevesse mais nada, já teríamos um sistema teológico sólido e uma programática de reflexão e de pastoral para os tempos vindouros. O Evangelho da Igreja e o Evangelho da criação constituem pontos balizadores para os seguidores de Jesus Cristo em nossos dias de mundo globalizado em busca de seu significado e de seu rumo e de uma comunidade eclesial que permanece em busca de si mesma na medida em que se coloca, sem cessar, nas pegadas de seu Mestre. Evidentemente há aqueles que afirmam uma resposta acabada sobre o mundo, ou, na pior hipótese, uma postura passiva perante suas estruturas e funcionamento. A cultura de consumo (do bem-estar individual e da busca incessante de satisfação) dita as regras dos modos de vida atual, dispensando pensar em outros mundos. Mas há também aqueles que afirmam uma Igreja acabada e dispensam pensar em outra Igreja; acreditam na sacralidade intocável da tradição e das estruturas institucionais. Francisco grita profeticamente entre esses homens da verdade pragmática, que preferem a estabilidade à mudança. Todos eles resistem em nome de uma verdade transformada em regra fixa e se apresentam como uma espécie de guardiões do passado e da ordem instituída. Os guardiões da cultura-mundo afirmam a bondade original do sistema financeiro, do mercado mundializado, das tecnologias e do consumismo. Os guardiões da Igreja fixa preferem a instituição eclesiástica ao carisma cristão e, supostamente distante do mundo, o condenam como perdido. Muitos se afirmam na postura denunciada por Francisco na homilia de encerramento do Sínodo para a Família 2015: "[...] endoutrinam o Evangelho transformando-o em pedras para atirar nos outros".

Os separados do mundo se definem como sagrados em oposição aos profanos; pensam estar acima dos demais e ontologicamente distintos desses. O clericalismo que hoje cresce na Igreja é a expressão fidedigna dessa postura persistente nas estruturas de classe e de poder. Ele é a aposta na segurança e na norma e a negação do diálogo; é a afirmação de uma superioridade que dispensa o serviço e de uma posse pessoal da verdade que não necessita do crescimento pessoal; é, no fundo, a afirmação do definitivo que não aceita o provisório por medo de sua dinâmica que exige discernimento, decisão e ação em cada tempo e lugar. O clericalismo reproduz uma postura eclesiocêntrica que se afina diretamente com a egocêntrica, ou, em outros termos, promove a afinidade eletiva entre o tradicionalismo e o individualismo, o legalismo e o narcisismo. Francisco diz que onde falta profecia entra o clericalismo (Homilia na Casa Santa Marta, dia 16 de dezembro de 2013). O profeta está aberto ao presente. Aprende de seus sinais e busca uma nova época. A profecia é, portanto, diálogo com o presente e com os outros e afirmação de que devemos superar as estruturas presentes na busca do futuro melhor. O clerical é, na verdade, bem ajustado na ordem presente e retira dela as vantagens para se manter em sua posição superior, mesmo quando sustenta uma aparência de distância do mundo. Já era assim no tempo de Jesus com a elite religiosa do templo: legalistas e integrados na ordem do Império Romano. Da mesma forma, o alto clero medieval era uma elite composta de homens da ordem estabelecida.

A relação crítica e criativa entre a Igreja e o mundo calibra a comunidade de seguidores de Jesus Cristo em relação à sua fonte e sua finalidade: tem sua origem no carisma cristão e sua finalidade no serviço. A abertura ao mundo permite quebrar sua postura de dona da verdade, na medida em que vai se defrontando com as diferenças de todas as ordens. A volta permanente às suas origens renova sua organização institucional, quebra suas fixações históricas e seus modelos cristalizados e permite buscar as respostas práticas e até teóricas para as demandas da história. A postura de se voltar para o seu fundo e para fora de si mesma renovou a Igreja em todos os tempos. A postura autorreferencial, ao contrário, a fez prepotente, conservadora e egolátrica. Em saída permanente nessas direções, a Igreja não se perde, mas se encontra com sua essência mais profunda e com sua missão.

O cristão não tem medo do diferente, da exterioridade e da alteridade que constituem a dinâmica concreta da vida biológica e histórica, numa palavra, a realidade chamada mundo. Por outro lado, não se reduz a essa dinâmica como mais uma gota em um líquido maior. O cristão é sal e luz que tempera e ilumina; é semente que germina, mesmo que em sua imensa pequenez, como ensina o Evangelho. Entre o Evangelho e o mundo a Igreja se apresenta como testemunho e serviço, como atividade meio e não como fim. A busca da *casa comum* é uma meta sempre imediata, na medida em que o Reino vai sendo concretizado e, ao mesmo tempo, instigando sem cessar para a busca do novo.

Esse é o quadro em que se insere o Papa Francisco com seu jeito simples de pastor e com sua coragem apostólica. E o mais curioso é que até mesmo os cristãos se assustam com suas posturas, como se estivessem diante de um personagem portador de uma grande novidade. Para alguns, uma novidade escandalosa (radical e simplista), perigosa (destruidora da tradição e da instituição) e até herética (rompe com doutrinas estabelecidas). Para outros, um personagem que tem na manga uma afirmação explosiva a ser feita a qualquer momento. Esse é o papa monitorado pela grande mídia. E para outros ele é, com efeito, uma esperança de revitalização evangélica da Igreja. Na verdade, Francisco assume posturas pastorais e evangélicas que se inscrevem na regra mais básica da vida cristã e do próprio exercício do ministério papal. E mesmo suas programáticas de reforma da Igreja nada mais são do que colheitas dos frutos da primavera conciliar. A palavra sociológica que serve para definir relativamente bem essa postura é *carisma*. Na exposição weberiana sobre os tipos de dominação, o líder carismático tem um lugar importante em confronto com os líderes tradicionais e burocráticos. A hipótese de que Francisco foi feito papa e vem exercendo essa função com fortes traços carismáticos será examinada na Parte I deste estudo. A tipologia pura de poder não se encarna em sua totalidade na história, mas permite, precisamente por essa razão, detectar traços de suas características em personagens concretos. No meio da crise instalada na instituição tradicional, a Igreja Católica, a emergência de uma figura carismática, investida da autoridade de renovação e reforma, se apresenta como estratégia prevista na lógica de sucessão e de exercício de liderança. Do ponto de vista teológico, há outra maneira de falar que provém naturalmente da fé: os profetas têm uma palavra renovadora, o Espírito sopra carismas na Igreja para edificá-la, o papado exerce um ministério em nome de um carisma fundamental que vem do próprio Ressuscitado... Em ambos os olhares, trata-se de um personagem investido de dons e de legitimidades para promover reformas na Igreja. As reflexões que seguem estão ancoradas nessa dupla perspectiva: a sociológica, que examina as dinâmicas imediatas dos processos de renovação desencadeados pelo atual pontífice, e a teológica, que busca os fundamentos e o sentido mais profundo do que ocorrer e que, segundo a fé, deve ocorrer em nome do Evangelho.

A Parte II busca os marcos históricos, eclesiais e hermenêuticos nos quais situa Francisco com suas posturas e projetos de reforma. Fundamentalmente, trata-se do marco conciliar, desde onde é possível rever as orientações do grande sínodo sobre o *aggiornamento* da Igreja, como vislumbrava seu progenitor e como levaram a cabo, ao menos em boa medida, os padres conciliares. É nesse marco que o religioso, o padre e o bispo Bergoglio foi formado e vivenciou seu ministério na América Latina. Nesse contexto fecundo de recepção das orientações conciliares se encontram as raízes diretas do carisma exibido por Francisco; da periferia para o centro, a renovação chega à Igreja como um todo e causa grande estranheza e rejeição para muitos. Os que estão afinados com a tradição eclesial latino-americana veem em Francisco um "companheiro", agora *pai*, que afirma princípios e práticas por décadas construídos nas comunidades eclesiais de base, nas pastorais sociais e nas conferências continentais do episcopado. A novidade é a Igreja dos pobres ter chegado ao papado e ter se tornado referência universal e magistério papal.

O diálogo tem sido uma das marcas do pontificado franciscano. Aqui reside, certamente, o paradoxo da escuta paciente, aliada à fala profética, da autoridade central, relacionada às autoridades episcopais. A colegialidade tem sido o caminho perseguido por Francisco, não obstante os riscos de discordância de seus projetos por parte de figuras tradicionalistas ou por demais ponderadas. O Sínodo para a Família 2015 foi um fato emblemático desse Espírito que acata o consenso, mesmo quando seus resultados manifestam posturas distintas. Na Parte III se pretende verificar a postura dialogal como regra fundamental do ministério papal, seja no exercício da colegialidade, seja nas relações com as realidades externas à Igreja. A exortação *Evangelii Gaudium* e a encíclica *Laudato Si'* são documentos que colocam a comunidade eclesial em diálogo com suas fontes e com o mundo. Esse duplo movimento constitui a base do método utilizado pelo papa, concretamente o método *ver-julgar-agir*. Com esse instrumento coloca numa circularidade crítica e criativa a Igreja e a sociedade, a fé e a ciência, a identidade cristã e as alteridades.

A Parte IV pergunta pelos possíveis desafios das orientações da exortação *Evangelii Gaudium* e da encíclica *Laudato Si'* dentro e fora da Igreja. Os desafios da primeira se localizam naturalmente dentro da Igreja, entre os que recebem diretamente os impactos da programada reforma ali anunciada e já manifesta concretamente no tom direto do discurso. A *Evangelii Gaudium* é um vulcão de renovações de estilo e de conteúdos, como nunca antes visto em um documento do Magistério. A programática do pontificado ali anunciada, fundamentada em uma consistente eclesiologia missionária e com apelos concretos de mudanças na Igreja, provocou e provoca distintas reações, sobretudo da parte do clero. A *Laudato Si'*, como não poderia ser diferente, atraiu os olhares externos à Igreja, seja no sentido da acolhida entusiasta, seja da rejeição. As tipologias dessas reações podem contribuir com a visão dos processos concretos de recepção de ambos os documentos. Ambos expressam de modo coerente as posturas pessoais e pastorais de Francisco, transformam em Magistério sua espontaneidade pastoral, sua transparência institucional e seus ideais evangélicos de renovação da realidade.

Na Parte V, a última, serão apresentadas duas reflexões que recepcionam os referidos documentos, acolhendo-os como chave de leitura para as temáticas da evangelização no mundo de hoje e para a busca da *casa comum*. A convergência entre o pensamento franciscano e as análises socioculturais do mundo globalizado atual é visível e fecunda. O individualismo consumista e seus desdobramentos em todos os níveis da vida clamam por mudanças de rumo. Os cristãos são portadores de uma boa-notícia que nega tanto as posturas do *eu fechado* em sua satisfação quanto de uma estrutura objetiva massificante, seja por um legalismo tradicional, seja por um comunitarismo pautado na segurança e na ordem.

As reflexões apresentadas em cada parte foram sendo produzidas em separado, mas têm a pretensão de compor uma sistematização de temáticas afins. Algumas delas foram feitas em momentos distintos, no formato de artigos acadêmicos e pastorais e de explanações diversas. Esses roteiros analíticos são aqui revisitados, refeitos e ampliados para compor uma peça comum que quer avançar em profundidade e extensão. Francisco e sua programática constituem a parte mais interna do estudo: aquele que está por baixo (o *sub-jectum*) das questões. A exortação *Evangelii Gaudium* e a encíclica *Laudato Si'* são os objetos imediatos de análise e fornecem com suas problemáticas, conceitos e programáticas o eixo da reflexão. A adesão às reformas convocadas pelo papa por parte do autor é o pressuposto, o clima e a meta do que ora vem a público como livro. O engajamento da reflexão não dispensa a análise crítica das questões que vão sendo trazidas em cada uma das partes. Ao contrário, o esforço de compreensão exigiu estudo e aprofundamento teórico, busca de caminhos lógicos e elaboração de análises e de sínteses. Nesse sentido, trata-se de um trabalho tipicamente teológico que articula as adesões de fé com as exigências da razão, mesmo que, em muitos momentos, o leitor perceba uma explícita abordagem sociológica discorrendo sobre as problemáticas. Portanto, as atitudes que regem desde sempre a investigação, a curiosidade, a dúvida e a interrogação se encontram com as virtudes que regem a vida cristã, a fé, o amor e a esperança no percurso destas páginas. Os pares dialéticos deste encontro, tão antigo quanto atual, tecem a reflexão: a *dúvida* que rejeita as verdades estabelecidas conjuga-se à *fé* que acolhe a verdade transmitida; a *curiosidade* que seleciona os objetos extraindo-os da rotina conecta-se ao *amor* que acolhe gratuita e inclusivamente; a *interrogação* que examina o presente alia-se à *esperança* que aposta no futuro.

Nos meios acadêmicos se costuma dizer que o pesquisador não escolhe seus objetos de estudo, mas, na verdade, é escolhido por eles. A temática tão íntima do catolicismo, o papado, não foi previamente escolhida pelo autor como objeto inserido em um projeto maior de pesquisa, segundo as dinâmicas da vida universitária. Ela entrou em suas preocupações como questão irrecusável da ordem do dia da Igreja e da sociedade, irrecusável para a fé e para a razão e relevante para ambas. Francisco é, de fato, um fenômeno político e eclesial que se impõe por si mesmo a quem olha para a história e busca compreendê-la em seus movimentos. Mas é, também, uma provocação pastoral para os católicos e para os cristãos. Uma provocação que não permite a indiferença. As supostas indiferenças significam, na verdade, formas estratégicas de rejeitar os projetos renovadores de Francisco. Nestas reflexões o autor recepciona a programática de Francisco e as interpreta a partir do lugar onde se encontra inserido teórica e eclesialmente. Como toda interpretação, expressa tais lugares e possui, portanto, limites; elas pretendem ser nada mais que uma contribuição humilde às convocações de Francisco.

Ademais, as análises que compõem a presente publicação correm o risco de vir a público desatualizadas, tendo em vista os projetos de reforma da Igreja que se encontram em curso sob a condução do Papa Francisco. Como toda análise de conjunturas e de personagens, as que ora são apresentadas estão datadas e se submetem à dinâmica da superação do *cronos* que tudo devora. O leitor poderá ter em mãos uma foto do passado ou uma imagem mais ou menos fidedigna do presente. Contudo, se as considerações aqui feitas se apresentarem defasadas em relação a reformas que já terão sido realizadas na Igreja, o autor confessa que ficará muito feliz. Que a agenda das reformas planejadas por Francisco devore a atualidade destas páginas!

PARTE I

PAPA FRANCISCO: O REFORMADOR DA IGREJA

Personagens reformadores não se ajustam nas instituições, sobretudo nas instituições tradicionais e nas burocracias estáveis. O reformador é ameaça para interesses conscientes e inconscientes dos sujeitos institucionais, ou seja, aqueles que têm como função manter as instituições em pleno funcionamento e reproduzi-las no tempo e no espaço, conforme as regras estabelecidas. A luta entre os preservadores fiéis da instituição e os reformadores escreve a história das revoluções, das perseguições e das forças assimiladoras do poder. A Igreja Católica se inscreve nas fileiras dessas instituições, se não constitui um retrato bastante emblemático delas. A dialética entre renovação e preservação compõe a sua longa história. A construção de sua organização institucional revela a força dos processos racionalizadores que instauram a ordem previsível sobre a força criadora, escolhem as regras e rejeitam as mudanças, estabelecem os papéis e dispensam o improviso, sobrepõem a ordem objetiva sobre a autonomia dos sujeitos.

Contudo, a Igreja Católica não se reduz à sua institucionalidade. Tanto do ponto de vista sociológico quanto do teológico, trata-se de um agrupamento bem organizado, porém assentado sobre um carisma original carregado de energias renovadoras. Sociologicamente, significa dizer que esse carisma foi gradativamente rotinizado e se estruturou em formas institucionais claras e objetivas. Teologicamente, significa mais: esse carisma é vivo e se encontra no mais íntimo da comunidade eclesial como força fundamental que tudo renova, de onde advém a legitimidade de qualquer reforma que lhe seja fiel. Nesse sentido, o Cristianismo carrega dentro de si mesmo a força de sua renovação e, por conseguinte, de sua mudança. Em nome de um carisma *in statu nascendi* é que os reformadores de ontem e de hoje se lançaram em suas empreitadas. Embora esses projetos tenham sido quase sempre julgados a partir dos parâmetros da instituição, eles, na verdade, só podem ser julgados teologicamente a partir do próprio conteúdo do carisma. Do contrário, prevalece o julgamento externo, quando não o argumento da autoridade e da tradição.

Para o Cristianismo, não há nenhuma legitimidade fora do carisma do Ressuscitado que funda e envia a Igreja; nenhuma estrutura pode ser edificada fora desse fundamento e nenhuma norma pode excedê-lo, mesmo que em nome de uma longa tradição ou de uma doutrina bem formulada. O Papa Francisco relembrou no encontro em Florença que a *doutrina da Igreja é Jesus Cristo*.

A *Igreja em saída* retira suas orientações e sua vitalidade das fontes cristãs, "do coração do Evangelho", repete o papa. Mas retira também seus conteúdos das interrogações e dos desafios advindos do mundo e do mundo de hoje com todas as suas contradições. A *casa comum* a ser construída por todos resulta de uma percepção da realidade que vai além da tradição repetida, da doutrina formulada e das regras morais fixadas. Os renovadores são, com efeito, homens sem donos e sem territórios definidos, são cidadãos da humanidade e sujeitos conectados com o universo.

O reformador Francisco está inserido no curso da tradição e no seio da instituição eclesial. Ele assume sua missão dentro desses limites, mas que se mostram também como possibilidades. O papa é um reformador legítimo por executar as reformas como pontífice e, portanto, com as prerrogativas do exercício de um poder central que agrega em torno de si os membros do mesmo corpo; como sinal da unidade eclesial, conduz as reformas com a força de sua autoridade e de seu carisma. Com efeito, os reformadores estão vinculados às mudanças de época; emergem como sujeitos investidos da missão de conduzir o grupo a um novo patamar ou a um novo estilo de vida, quando aquele estabelecido entra em desuso ou carece de eficácia e legitimidade. Nesse sentido, as crises é que possibilitam o anúncio das reformas e as legitimam como necessárias. O carisma da reforma de Francisco está relacionado diretamente com a crise vivenciada pela Igreja e de alguma forma ainda se alimentará dela no momento de sua execução. O novo se mostra necessário perante o envelhecido, do contrário não tem condições históricas de se apresentar como projeto.

1
FRANCISCO NA IGREJA E NO MUNDO

Todo papa se posiciona perante a Igreja e o mundo com suas visões, com seus projetos e com suas ações que, em certa medida, significam a execução de uma programática predefinida. A própria figura do pontífice foi construída historicamente nessa relação simbiótica: é o resultado da presença da Igreja na longa temporalidade de construção do grande bloco geopolítico ocidental. Nessa longa temporalidade, a Igreja foi ao mesmo tempo um sujeito ativo e uma receptora passiva dos processos de institucionalização das ideias, dos modelos de governo e dos costumes de um modo geral. O papado é um resultado institucional de um carisma cristão que se desdobra em sua missão de estar presente no mundo e de levar adiante o mandato evangelizador de Jesus Cristo; é o modo de organização eclesial que, no bojo do Ocidente, compreendeu aquele mandato como sendo liderado pelo apóstolo Pedro em relação aos demais apóstolos; é uma interpretação do bispado de Roma como a cátedra de Pedro e, portanto, como referência da unidade dos demais episcopados que se vão constituindo; é também uma organização que adota modelos administrativos oriundos do Império Romano e, na sequência, das monarquias medievais; é, ainda, a afirmação do patriarcado do Ocidente como referência universal da unidade cristã perante todas as Igrejas, incluindo as do Oriente. Se para os católicos ocidentais tal instituição está sedimentada e bem fundamentada teologicamente, para os católicos orientais ela trai o princípio da própria sucessão apostólica na medida em que se afirma como um bispo universal de toda a Igreja. Bem se sabe que o papa gozou por séculos de uma hegemonia política em relação aos governos temporais, sobretudo na parte ocidental. Desde a reforma gregoriana no século XI o papa se tornou uma espécie de instância de recurso dos governos, em casos de contendas e de conflitos. Ainda hoje não deixa de exercer essa função, como no caso recente das relações dos Estados Unidos com Cuba.

Nos tempos modernos, o papa perdeu, evidentemente, esse poder e foi ficando cada vez mais restrito às suas funções eclesiais, muito embora a sua condição de chefe de um Estado o tenha mantido na cena política não somente ocidental, mas também mundial. Hoje, no mundo globalizado e plural, o papa permanece como uma espécie de patrimônio político do Ocidente e como uma referência religiosa mundial. A grande mídia tem contribuído para sustentar e divulgar essa imagem histórica.

O Papa Francisco entra nas cenas eclesial e política atuais como um personagem investido de força renovadora; como aquele que foi escolhido para fazer uma reforma da Igreja que se encontrava envolvida em uma crise sem precedentes (cf. KÜNG, 2012, p. 23-74). Essa missão vinha não somente dos cardeais que o elegeram, mas também dos católicos e, até mesmo, da sociedade em geral, tendo em vista a marcação pontual das mídias sobre os escândalos envolvendo clérigos pelo mundo afora e, de modo particular, a Cúria Romana. Esse primeiro momento de reflexão pretende expor a posição e a relação do Papa Francisco na Igreja e no mundo. Como personagem carismático investido de capacidades, de poderes e de vontade de reformar a Igreja e como personagem de grande simpatia perante a sociedade e de habilidades de diálogo com as diferenças e com os governos, o papa se encontra inserido em conjunturas que podem limitar suas ações ou desgastá-las à medida que o tempo passa.

O carisma reformador de Francisco na Igreja

Não é preciso muita análise para que se perceba o perfil carismático do Papa Francisco: um papa diferente, um papa renovador, um papa capaz de falar a verdade sem medo, uma papa autocrítico de seu próprio ministério, um papa descolado do sistema burocrático da Cúria Romana e destemido em seus propósitos de reforma da Igreja... Francisco é o nome adotado como uma programática reformadora, como fora o santo pobre de Assis. E ele próprio assume sua missão de reformar a Igreja desde os primeiros dias de seu pontificado. Como todo reformador, revela um perfil específico: afirma a origem sobrenatural de sua missão e de sua postura reformadora, possui discurso que resgata o significado original das coisas, rompe com muitas regras instituídas, assume posturas de vida coerentes com seus propósitos, atrai adeptos e inimigos.

A sociologia weberiana fornece elementos que podem ajudar a compreender a personalidade do papa dentro da Igreja atual. A noção de poder carismático encontra sua semântica e sua função na relação com o poder tradicional e o poder racional-legal. O poder, para ser legítimo perante um grupo, precisa ser fundamentado. O poder carismático se legitima no dom extraordinário de uma personalidade; sustenta-se e exercita-se no campo da adesão emocional ou religiosa de um grupo que busca usufruir de seus benefícios, dispensando tanto a regra do fundamento do passado (poder tradicional), já que se apresenta como ruptura, quanto as regras racionais objetivas, já que se define pelo extraordinário e pelo pessoal. "Deve-se entender por 'carisma' a qualidade, que passa por extraordinária [...], de uma personalidade, por cuja virtude é considerada em possessão de forças sobrenaturais e sobre-humanas [...] ou como enviados de Deus..." (WEBER, 1997, p. 193). A dinâmica do carisma é a da revelação de Deus que exige reconhecimento e adesão do grupo, apela-se a uma entrega pela via da fé e não da demonstração racional. O portador do carisma é o próprio enviado de Deus para exercer uma missão em um momento histórico geralmente tomado por alguma crise (cf. WEBER, 1997, p. 848).

A partir dessas características, não é difícil afirmar e reconhecer que certas pessoas são dotadas de carismas, sobretudo aquelas lideranças que se apresentam com projetos renovadores que rompem com a rotina da história e entram em choque com o que se encontra socialmente estabelecido. Mas em que sentido se pode falar em poder carismático do Papa Francisco? O carisma de Francisco não se trata de um poder carismático no sentido próprio designado por Weber, o que exigiria uma postura de ruptura com a tradição e, por conseguinte, começaria pela negação do próprio papado. Realmente, o papado pode ser visto como um modelo emblemático de poder tradicional, herança legítima da sucessão apostólica destinada a guardar o carisma original do Cristianismo. Antes de responder à pergunta, convém esclarecer um ponto importante sobre a relação entre carisma e tradição na Igreja Católica. Na verdade, a tradição surge quase sempre como construção de um aparato institucional que visa preservar em segurança o carisma de um grupo, caso dos partidos políticos e, sobretudo, das instituições religiosas. Se na sua origem, em estado puro, o carisma se apresenta como oposição ao poder tradicional, na sequência pode ocorrer uma confluência entre os poderes, na medida em que o carisma se rotiniza e busca formas de garantir sua continuidade (cf. WEBER, 1997, p. 857). A luta pela posse do carisma surge no interior do grupo e a busca das regras para transmiti-lo legitimamente se desloca para a autoridade que se apresenta como a legítima herdeira e a transmissora autorizada. Em nome do carisma, as lideranças se apresentam como autoridade, a partir do carisma se constrói a própria tradição e, como guardiãs do mesmo carisma, são constituídas as linhagens religiosas que avançam pela história afora ligando o presente ao passado. Portanto, a legitimidade da tradição emerge de dentro da própria dinâmica do carisma que deve ser preservado e transmitido para além do tempo e do espaço em que apareceu com sua graça original.

a) O carisma e a Igreja Católica

A Igreja Católica se autojustifica como guardiã e transmissora legítima do carisma de Jesus Cristo: o Filho de Deus encarnado, morto e ressuscitado que salvou a humanidade e enviou os seus discípulos a anunciar a atualidade dessa boa-notícia. A constituição da Igreja e de sua tradição se legitima, evidentemente, sobre esse fundamento carismático original. As estratégias de vinculação ao carisma fundante podem ser variadas. Os movimentos carismáticos emergem sempre como portadores diretos do carisma pela via do acesso direto ao fundamento. As tradições tibetanas recorrem à reencarnação em cada tempo e espaço como vínculo ao seu fundamento. Os islâmicos dispensam essas mediações históricas por portarem o carisma fundante dentro do livro do Alcorão. A Igreja Católica se fundamenta em relação ao seu carisma em *status nascendi* por duas vias que podem se complementar ou opor, como demonstra sua longa história:

1ª) *A sucessão apostólica*, que consiste na afirmação do vínculo da autoridade eclesial atual ao mandato original de Jesus pelas sucessivas gerações de líderes que transmitiram sem interrupção esse mandato.

2ª) *A atualidade do carisma*, sendo que o Espírito do Ressuscitado se faz presente na história, constituindo em cada tempo e lugar a Igreja como corpo do Cristo vivo.

Essas duas vias de acesso ao carisma se relacionam de modo dialético na história e na doutrina da própria teologia. Na história da Igreja, os movimentos reformadores se apresentaram como portadores diretos do carisma, convictos de que o Espírito distribui dons a cada membro da Igreja, sem precisar da mediação da tradição instituída. De outra parte, uma teologia do poder hierárquico se fez sempre mais forte, chamando para a autoridade dos bispos e do papa o controle último dos carismas presentes na vida dos fiéis: o poder tradicional se torna o critério de leitura e legitimação de um eventual poder carismático. Na teologia se pode pensar em duas posturas eclesiológicas. A primeira, eclesiocêntrica e hierarcológica, centrada no poder tradicional que se define como via obrigatória de acesso ao carisma. Nesse caso, a Igreja é pensada a partir do poder que descende hierarquicamente e reduz em sua ação toda a dinâmica de atualização do carisma. A segunda não nega a primeira, mas coloca a hierarquia a serviço do carisma que se faz presente em todo o corpo eclesial como dom do Espírito, do qual a hierarquia é servidora. Vão nessa direção as orientações eclesiológicas paulinas (cf. 1Cor 12–14; Rm), assim como as do Concílio Vaticano II (cf. *Lumen Gentium* 9–17).

O Papa Francisco deve ser localizado, antes de tudo, nesse contexto eclesial para que seu "poder carismático" possa ser compreendido em seu significado mais preciso e em suas possibilidades políticas de expansão para além de sua personalidade. A resposta à pergunta sobre o significado de seu carisma exige dois esclarecimentos fundamentais:

1º) Do ponto de vista da tipologia weberiana, não se trata de um poder carismático no sentido preciso, mas de um carisma inserido dentro de uma tradição, o que exige que se busque em sua personalidade e atuação nada mais que analogias com a tipologia, como será feito na sequência.

2º) Do ponto de vista eclesial, o papa se posiciona claramente como um poder definido como serviço, portanto na concepção eclesiológica que parte de uma eclesiologia carismática: o Povo de Deus como condição básica a partir da qual todas as construções históricas encontram seu fundamento e significado (cf. EG 17).

A partir dessas duas premissas é que se pode buscar analiticamente os traços carismáticos de Francisco em sintonia com as características apresentadas por Max Weber.

b) O carisma do Papa Francisco

A origem do carisma. Afirma Weber que "carisma é a grande força revolucionária nas épocas vinculadas à tradição". Diferentemente da força transformadora da razão que opera de fora, o carisma é uma renovação que opera por dentro da tradição, nascendo da indigência ou do entusiasmo, "significa uma variação da direção da consciência e da ação, com reorientação completa da consciência de todas as atitudes frente às formas de vida anteriores ou frente ao 'mundo' em geral" (1997, p. 196-197). A emergência das figuras carismáticas no decorrer da história se liga a crises que solicitam a liderança capaz de oferecer saídas mediante seu dom evidente. A renúncia de Bento XVI em meio a uma crise pública da imagem da Igreja e do próprio poder central da Cúria instaurou, de fato, um quadro de expectativa perante o perfil do sucessor: alguém que deveria retirar a Igreja da crise e conduzi-la por novos rumos. A era fortemente "vinculada à tradição" havia mostrado seus limites e a ruptura já havia sido instalada no próprio ato da renúncia do papa. O roteiro de emergência da figura carismática estava, com efeito, iniciado, e os acontecimentos se encaminharam nessa direção. A eleição do cardeal pouco cotado para o cargo e que se apresentou não somente como um papa diferente, mas como um papa disposto a renovar, revelou a oportunidade de uma figura carismática que rompe com os padrões tradicionais e com as regras burocráticas do poder curial.

O portador do carisma. O carisma se foi mostrando como o traço mais visível da figura e da personalidade de Francisco. Sua eleição se deu sob o signo da expectativa do novo e sua personalidade surgiu como ruptura com padrões e promessa de renovação. O perfil do novo papa o situava mais na linha da ruptura do que da continuidade dos padrões usuais da função. O extraordinário se mostrou em sua simplicidade, transparência e coragem desde que fez suas primeiras aparições e declarações. E não tardou a se apresentar como aquele que veio com a missão de reformar a Igreja. Os traços carismáticos se tornaram sempre mais visíveis e assumidos por Francisco dentro dos enquadramentos institucionais inerentes à função do papado. Weber explica que o poder carismático se define pela personalidade portadora de dons extraordinários à qual se vincula imediatamente um grupo de adeptos (cf. WEBER, 1997, p. 193-194). Não há, portanto, carisma desvinculado de uma pessoa e de um grupo que a reconheça como possuidora do dom. A figura carismática se impõe por aquilo que só ela possui como recebido de forças transcendentes. Toda teologia que sustenta a eleição do papa já é portadora de um forte cunho carismático, de forma que o eleito é apresentado como escolhido por Deus e, por conseguinte, habilitado para exercer a missão em seu nome. O novo papa encarnou essa missão, antes de tudo, como serviço ao Povo de Deus. Apresentou-se com um nome programático que evoca a renovação mais do que a continuidade, que conclama a todos para a vida simples, para o diálogo e a solidariedade para com os pobres. E, se se avança para além da força simbólica, a adoção do modelo eclesial sugerido por Francisco de Assis constitui, de fato, um movimento de retorno ao carisma cristão em seu *status nascendi* e exige relativizações de valores e exigências inerentes ao poder tradicional do papado e da burocracia administrativa da Cúria Romana.

Os lugares do carisma. O carisma rompe com as rotinas administrativas dos poderes instituídos segundo a regra da tradição ou da norma racionalmente instituída. A visibilidade do carisma de Francisco se deve em boa medida ao lugar em que o carisma se instalou: na figura tradicional do papado, que, em boa medida, contrasta com a personalidade conservadora do pontífice anterior e se potencializa com a sua renúncia súbita em meio a uma crise de governo da Cúria e, em boa medida, da Igreja. O carisma se apresenta, nesse caso, como solução necessária e urgente, ainda que não fosse um dote real do novo papa. Como já foi dito, a personalidade carismática se encaixa de modo justo na conjuntura que busca saída da crise, o que permite afirmar que a figura do novo papa não tenha emergido fortuitamente do acaso político do último conclave. Ao contrário, é de se pensar precisamente que, na lógica de superação da crise da Igreja, os cardeais tenham buscado a forma mais legítima de superação: a personalidade capaz de encarnar o carisma cristão em seu estado mais original e, a partir desse valor maior, empreender as reformas necessárias. O contrário, a via tradicional, seria a repetição da institucionalidade e, por conseguinte, a perpetuação da crise.

Mas o carisma de Francisco é carisma de Bergoglio. A sua própria origem contribui com seu perfil de renovador e enriquece seus projetos. Trata-se de um papa que foi buscado fora dos quadros da burocracia curial e dos alinhados diretos da política central da Igreja; sua origem latino-americana delimita sua experiência histórico-eclesial, fora das tendências tradicionalistas europeias e herdeira de uma tradição eclesial local marcada pela opção pelos pobres, pela luta por justiça e pela vivência do Evangelho em pequenas comunidades. Ademais, sua pertença a uma congregação religiosa o situa em um marco eclesial e em uma tradição espiritual específica, na qual pesa o valor da experiência espiritual e do discernimento, do serviço missionário e dos votos de pobreza. Essa origem é carregada de vivências carismáticas fundantes que sobreviveram como fidelidade aos propósitos renovadores do Concílio Vaticano II no contexto da periferia do mundo, distante dos centros de poder econômico e eclesial. Esse é, certamente, o significado político mais preciso da denominação "Papa do fim do mundo" utilizada por Bergoglio para se autodefinir. Ao buscarem um novo perfil para conduzir a barca de Pedro em meio à tempestade, os cardeais rompiam com as regras da conservação tradicional e burocrática defendidas, obviamente, pelos candidatos alinhados com a Cúria Romana.

As ações de Francisco no mundo atual

A sociedade da comunicação conecta a todos em suas coberturas instantâneas dos fatos e também em seus juízos sobre os mesmos.

Nada do que acontece no planeta pode hoje ficar oculto como num passado relativamente recente ou permanecer sem julgamentos valorativos por parte das decisões editoriais das mídias e também de seus receptores. As coisas acontecem sob a visão, o juízo e as expectativas dos receptores multimidiáticos cosmopolitas. O conclave que elegeu Francisco aconteceu sob a cobertura e vigilância da grande mídia mundial, de forma que se pode dizer que o novo papa nasceu mais mundializado do que os demais. Com efeito, ele era aguardado como o personagem que daria uma solução para a crise da Igreja. Essa expectativa era comum e havia sido expressa por vários cardeais no decorrer das congregações que preparavam o conclave: para muitos deles não havia dúvida de que a Igreja precisava se renovar com urgência, e o novo papa viria investido dessa missão. É verdade que a Cúria Romana, com seus alinhados, tentava negar a todo custo a existência de uma crise e agia como se o conclave seguisse seu curso normal, sem dados conjunturais novos que interferissem em sua tradicional harmonia. Francisco veio à luz como um personagem mundial, filho das expectativas dos católicos assustados com o espetáculo midiático dos escândalos da Igreja e que estavam de algum modo relacionados com a renúncia de Bento XVI. Mas era também filho do grande público que o aguardava nos quadrantes do planeta, um papa capaz de ser o herói da solução dos problemas da Igreja. Na lógica do espetáculo, a chegada de Francisco cumpria um *script* de certo modo já colocado pelo grande público. Um sucessor inédito de Bento, à altura de sua inesperada saída.

Francisco chegou de um modo inédito, conjugando simplicidade e coragem, transparência e firmeza em relação aos rumos da Igreja. O mundo assistia pela primeira vez a um líder crítico da própria instituição que dirigia. A crítica vinha das atitudes e das palavras. E aos poucos o novo líder atrai a simpatia dos cristãos não católicos, de outros credos e de não crentes. O carisma de Francisco se expande para além de seus propósitos renovadores da Igreja. Com o mesmo vigor com que coloca os valores fundantes do Evangelho como base e rumo das renovações da Igreja, coloca o ser humano como razão das críticas e das relações com as lideranças políticas na busca de novos caminhos entre os povos. Assume com naturalidade a postura de líder maior da Igreja, e a de um líder mundial.

a) A crítica em relação ao mundo atual

Francisco assume o papado conectado com o mundo atual. Rapidamente se mostra um crítico das estruturas e da cultura predominante do mundo globalizado. Critica diretamente o capitalismo globalizado com suas consequências diretas para os pobres (cf. EG 52-75; LS 48-52; 106-114). Não se trata de um sistema com pontos negativos, mas de um sistema perverso que exclui, gera mortes, indiferenças e se presta à idolatria (cf. EG 55). Esse é o aspecto menos acolhido de seu discurso e que desperta a rejeição dos setores conservadores da sociedade e da própria Igreja. Ao lançar seus documentos, logo as rejeições vieram da parte dos articulistas da grande mídia: Papa rejeita o capitalismo! Papa condena os ricos! Papa culpa os ricos pela destruição do planeta! Papa é comunista! Nesse sentido, trata-se de um papa pouco simpático, taxado de simplista e até mesmo de irresponsável. Alguns manifestam grande preocupação por se tratar de posturas muito próximas da "velha" teologia da libertação. Um jornalista de uma emissora de TV brasileira queria saber se o papa era ou não da teologia da libertação e insistia, em seu subtexto, que ele não pertencia a essa corrente de pensamento, que suas posturas eram diferentes em relação ao capitalismo e aos pobres. Outros que nem pertencem diretamente ao catolicismo afirmam que se trata de um papa que rompe com a tradição e dessacraliza o papado, que presta um desserviço à tradição por romper com ela.

O papa é um chefe de Estado e como tal costuma lidar com precaução com certos temas de impacto político. A diplomacia muitas vezes se sobrepôs à profecia no decorrer da história da Igreja. Foi o caso da relação da Igreja com as monarquias, ainda em tempos modernos. Foi também o caso das relações com os regimes fascista e nazista no século passado. Contudo, a postura de Francisco não faz média com as diplomacias políticas. Em seu discurso no Congresso norte-americano, toca diretamente nas questões centrais da política daquele país: a paz e a guerra, o modelo econômico capitalista, a imigração e o fundamentalismo religioso. Na ONU, toca no coração do problema ecológico ao dizer que:

> O abuso e a destruição do meio ambiente aparecem associados, simultaneamente, com um processo ininterrupto de exclusão. Na verdade, uma ambição egoísta e ilimitada de poder e bem-estar material leva tanto a abusar dos meios materiais disponíveis como a excluir os fracos e os menos hábeis, seja pelo fato de terem habilidades diferentes (deficientes), seja porque lhes faltam conhecimentos e instrumentos técnicos adequados ou possuam uma capacidade insuficiente de decisão política.

E faz um apelo àquele organismo para que exerça ações eficazes na conjuntura atual:

> A multiplicidade e complexidade dos problemas exigem servir-se de instrumentos técnicos de medição. Isto, porém, esconde um duplo perigo: limitar-se ao exercício burocrático de redigir longas enumerações de bons propósitos – metas, objetivos e indicadores estatísticos –, ou julgar que uma solução teórica única e apriorística dará resposta a todos os desafios. É preciso não perder de vista, em momento algum, que a ação política e econômica só é eficaz quando é concebida como uma atividade prudencial, guiada por um conceito perene de justiça e que tem sempre presente que, antes e para além de planos e programas, existem mulheres e homens concretos, iguais aos governantes, que vivem, lutam e sofrem e que muitas vezes se veem obrigados a viver miseravelmente, privados de qualquer direito.

O risco do exercício burocrático do poder que detecta na Igreja e que rejeita como vício é igualmente detectado na ONU.

As organizações existem como estruturações a serviço de uma causa maior que as justifica e direciona. Sem essa fidelidade às suas razões de ser, elas perdem sua função. A vida humana concreta é o apelo direto para todas elas, e os mais necessitados são o alvo imediato de suas ações.

b) A postura ante o diálogo

Os discursos políticos revelam a mesma concreticidade dos seus pronunciamentos pastorais. Não somente evitam abstrações teóricas como tocam direto nas questões mais cruciais que chamam os sujeitos para ações efetivas e imediatas. Contudo, esse tom crítico não se dissocia do tom dialogal. Francisco não desqualifica o interlocutor. Ao contrário, acolhe-o e convida-o a pensar de modo direto nas questões mais urgentes. O convite às mudanças de postura tem sido a tônica de seus discursos e a regra de seu comportamento. Junto dos mais simples e dos mais poderosos mantém a mesma postura. Nesse ponto é que se pode perceber a eficácia de suas palavras e ações: o conteúdo das palavras é a chamada para a mudança de postura em relação à condição em que se encontram os mais desvalidos do planeta. As críticas ao capitalismo, à tecnocracia, ao consumismo, ao fundamentalismo não são de natureza teórica, no sentido de discutir os princípios subjacentes e apresentar conceitos genéricos. Ao contrário, mostram a insuficiência prática desses regimes de verdade, apontando para os seus efeitos inegavelmente perversos. Certamente, por essa razão, alguns dogmas políticos têm sido quebrados em suas relações internacionais. A mudança de rota na política norte-americana em relação a Cuba por parte de Barak Obama e as confissões públicas de Raúl Castro a respeito da Igreja são exemplos emblemáticos dessa mudança de postura advinda do diálogo. Não se trata, certamente, de um gênio diplomático em ação, mas de uma capacidade de ir direto ao assunto, colocando o ser humano concreto antes das relações diplomáticas, os problemas reais antes das teorias, as urgências antes dos protocolos prudentes.

O diálogo não pode temer o conflito, insiste Francisco. A coragem de enfrentar as questões sem um plano político e sem calcular os efeitos para o Estado que dirige e para outros Estados é que tem sido precisamente o mérito de Francisco. A sua postura vai além da diplomacia vaticana quando fala dos povos que estão abaixo do hemisfério norte, vai além das políticas do Ocidente quando acolhe líderes de países árabes e reconhece o Estado palestino, vai além do catolicismo quando acolhe líderes religiosos em tom de fraternidade. Na viagem ao Brasil, Francisco parou o cortejo na direção da Favela Varginha, no Rio de Janeiro, e rezou com pentecostais que estavam na porta de seu templo. Na visita a Israel, abraça ao mesmo tempo um rabino e um muçulmano. Nos Estados Unidos, recebe casal *gay* e tabeliã que foi presa por negar casamento de homossexuais em nome da fé. No encontro histórico (junho de 2014) que promoveu entre os líderes dos Estados de Israel e da Palestina, com a presença do Patriarca de Constantinopla, Bartolomeu I, Francisco mostrou ao mundo a possibilidade de promover o diálogo a partir da fé e, ao mesmo tempo, condenar a guerra naquela histórica zona de conflito. O encontro de oração não foi politicamente neutro. Ao contrário, significou um primeiro passo na superação de um impasse histórico entre as duas nações e poderá produzir frutos concretos na solução da violência. Na oração que pronunciou na ocasião, assim se expressou:

> Tornai-nos disponíveis para ouvir o grito dos nossos cidadãos que nos pedem para transformar as nossas armas em instrumentos de paz, os nossos medos em confiança e as nossas tensões em perdão. Mantende acesa em nós a chama da esperança para efetuar, com paciente perseverança, opções de diálogo e reconciliação, para que vença finalmente a paz.

Não se trata de uma postura relativista que esconde as reais diferenças e a própria postura católica nem de um ritual de diplomacia, mas de uma ética da acolhida do diferente que coloca o outro concreto antes da doutrina. Antes das posturas que começam com teorias e doutrinas, adota a postura que vai ao encontro do ser humano concreto com seus problemas. Antes das cautelas institucionais, coloca os problemas reais vividos pelos povos. O pastor antecede sempre o chefe de Estado e é como tal que elabora suas estratégias políticas e executa suas relações diplomáticas. Somente uma figura *outsider* das estruturas curiais pode adotar essa postura.

c) As expectativas de renovação

A figura do Papa Francisco porta por si mesma um capital simbólico que atrai audiências e expectativas de crentes e não crentes. Para além do personagem renovador socialmente construído, Francisco continua sendo surpreendente em seus gestos e decisões, o que atrai os olhares de boa parte do planeta. Seu projeto de reforma ainda é monitorado passo a passo por jornalistas, analistas, curiosos, discípulos e inimigos ideológicos. Essa atenção do público externo parece ser distinta daquela atenção regular em relação aos papas. Trata-se, agora, de monitorar a agenda reformadora de Francisco e seus discursos críticos. Mais do que acompanhar o papa, significa acompanhar suas posições e ações. Mas ainda sobrevive aquela expectativa de boa parte dos católicos referentes às reformas necessárias para a Igreja em crise, desde aqueles fatos que culminaram com a renúncia do Papa Bento XVI. No campo católico se tornam cada vez mais explícitas as frentes de apoio e as frentes de rejeição às reformas e ao próprio comportamento de Francisco, sendo que essa última assume posturas inéditas de discordância com o pontífice.

Se a tradição resiste, o carisma promove e a burocracia clama por mudanças. Na verdade, toda organização, particularmente no mundo moderno, entende que sua eficiência está diretamente relacionada à sua capacidade de mudança no âmbito de uma sociedade em constante transformação (cf. DIAS, 2008, p. 217-232). Ainda que o discurso oficial da Igreja Católica tenda a negar, em princípio, essa regra, em nome de uma tradição a ser preservada de modo intacto, ela sobrevive, realmente, como urgência em nossos dias. Na verdade, ela já se impôs como cobrança social de reformas no *modus operandi* da Igreja em relação ao comportamento moral do clero, como exigência de transparência na administração dos bens e, até mesmo, como cobrança de explicação sobre os episódios políticos envolvendo a administração central do papado. As formas tradicionais e burocráticas de exercer o poder não deram conta de zelar pela gestão central da Igreja com suas doutrinas, regras corporativas e endogenias legais. A história moderna, com seus valores e mecanismos institucionais, produziu, em boa medida, as demandas por mudança dentro da Igreja. Em nome dos direitos iguais, da transparência institucional e da aplicação da lei comum, a sociedade, por meio de suas instituições legais e da própria mídia, pautou moralmente a Igreja e cobrou de seus gestores "responsabilidades sociais". Por mais autonomia que tenha a gestão central da Igreja, se comparada com outras instituições, ela já não pode sobreviver sobre si mesma, alimentando-se de sua própria tradição e de suas regras internas.

Pode-se dizer que não se trata de uma mudança meramente reativa às cobranças externas, mas, no momento, de uma mudança proativa que antecipa, do ponto de vista interno da Igreja, muito daquilo que se esperava do novo papa após o conclave. De fato, Francisco tem se mostrado disposto a conduzir mudanças que rompem com concepções e práticas seculares da Igreja, sobretudo no que diz respeito à moral e à disciplina. Não somente tem encarado de frente os desafios que exigem mudanças nos modos de pensar, de atuar e de operar do conjunto da Igreja, como tem oferecido fundamentos teológicos para essas mudanças. Esses fundamentos se chocarão, com certeza, com uma teologia da tradição hoje hegemônica no pensamento da maioria do episcopado e em parte significativa do clero. Por ora, Francisco segue afirmando que, em nome do Evangelho, a Igreja necessita de uma *renovação inadiável*. Portanto, busca no carisma cristão os recursos para empreender a reforma da instituição e da organização burocrática. A reforma pretendida é um jogo em curso e se tornará cada vez mais acirrado a medida que, mais concretizado, exigir mudanças de vida. Trata-se de confrontos reais, embora na maioria das vezes velados, entre os defensores da tradição e os profissionais burocratas do corpo eclesial. Francisco deu início a um processo de destradicionalização de padrões, ideias e valores, estabelecidos na Igreja e no papado. A burocracia ainda permanece a mesma em sua estrutura e funcionamento.

Por certo Francisco não colherá todos os frutos de suas ações dentro e fora da Igreja. Talvez somente alguns. Também é verdade que seus gestos e decisões têm demarcado seu pontificado em relação aos demais. Essas rupturas, simbólica e política, não deixarão a história isenta de seus efeitos. O carisma da renovação perpetuará como voz que clama para além das efetivações e das eficácias imediatas.

2
PAPA FRANCISCO, ENTRE O CARISMA E A CRISE

O Cardeal Bergoglio foi acolhido no papado como a figura encarregada de encaminhar a Igreja para uma nova etapa, para um patamar de superação da grande crise em que se encontrava. Como já foi analisado anteriormente, seu modo de ser e suas expressões revelam, com efeito, um personagem portador de um carisma que rompe com naturalidade e autoridade com as regras da tradição e da instituição, em nome das fontes mais originais da comunidade eclesial. Abria-se no olho da crise a possibilidade de superação, sendo essa construída, em boa medida, pela variável da imprevisibilidade dentro das previsibilidades da conjuntura eclesial até então hegemônica. Francisco aparece, realmente, como portador de um frescor carismático raro e, por conseguinte, com legitimidade de reformador da Igreja.

A Igreja Católica se encontra hoje em uma etapa de passagem entre a realidade da crise e a viabilidade das soluções anunciadas por Francisco, entre uma ordem anterior estável e uma nova ordem a ser criada. De fato, passado e presente se chocam na luta pela implantação do novo, nas mentalidades e nos sujeitos que compõem os campos de força dominantes na Igreja. De sua parte, o papa permanece sustentando um carisma renovador de raro quilate; na posição incomum de *líder tradicional renovador*, mantém acesa a convicção de que a Igreja pode e deve se renovar em sua totalidade.

Contudo, a pergunta pela crise pode ser esquecida. Francisco conseguiu superá-la com seu carisma contagiante? As estruturas abaladas (deterioradas?) pela crise foram renovadas? E os atores conhecidos e anônimos que protagonizaram de algum modo a mesma crise, onde estão? Em suma, já foi instaurada uma nova fase da vida da Igreja que já não permite mais falar em crise? Se é verdade que os projetos de renovação sofrem desgastes, à medida que o tempo passa, há que acrescentar que o risco real do atual pontificado investido de legitimidade renovadora é a falsa ilusão de que tudo está resolvido com o novo papa: com sua personalidade contagiante, transparente e destemida, até mesmo com seus discursos sobre a reforma da Igreja. A consciência permanente da crise que possibilitou o carisma renovador do Papa Francisco se mostra necessária para que os rumos de uma autêntica reforma não se dissolvam nem em entusiasmos nem na rotina do presente, e para que a força da máquina burocrática instalada na Igreja absorva em sua estrutura rígida e poderosa os intentos de reforma. O fato é que os sintomas de uma crise estrutural permanecem dentro da Igreja, como se pode observar nos episódios envolvendo a Cúria Romana no segundo semestre de 2015 e, em certa medida, no próprio Sínodo para a Família 2015.

Aspectos da situação de crise

A tomada de consciência de uma crise instalada na Igreja Católica tem um aspecto interno e um aspecto social, tendo em vista o papel atual das mídias na circulação das informações em tempo real e, por conseguinte, seu poder de formar as opiniões e juízos de valores e mobilizar posturas políticas. Na conjuntura que antecedeu imediatamente a eleição do Papa Francisco, a Igreja viveu o que se poderia denominar "crise globalizada": episódios de desvio de conduta moral e social expostos aos olhares do mundo, assim como ao juízo público popular e ao juízo oficial do ordenamento legal. Como em outros episódios de grande repercussão, o real e o socialmente construído constituíram um único fato que se torna público. A Igreja Católica se encontrava em uma de suas maiores crises e necessitava de reformas urgentes. Com efeito, uma crise pode ser analisada ainda a partir da consciência distinta dos vários sujeitos nela envolvidos, dos mais distantes aos mais próximos de seu epicentro; pode ser situada na cadeia histórica de causa e efeito, de onde emerge não somente o fator previsibilidade, mas também as responsabilidades por sua gestação. Em todos os casos, trata-se de rejeitar a consciência ingênua que opera com a casualidade e a fatalidade ou com a emoção e a mera revolta que exige solução imediata. Todo quadro de crise tem um aspecto sistêmico que exige situá-la no tempo e no espaço, buscando nesses as condições prévias que desencadeiam os fatos.

a) A construção social da crise

O senso comum e, de modo emblemático, as mídias costumam entender as crises como momentos críticos de uma instituição (econômica, social, política ou religiosa) ligados à deterioração, ao conflito e ao escândalo e, por conseguinte, à busca dos responsáveis por sua instalação, quando não de "bodes expiatórios" que assumam a responsabilidade como progenitor unicausal do fato inédito que rompe com a regularidade funcional e moral da instituição. Essas leituras da crise são, de um modo geral, apaixonadas e carregadas de indignação; tendem a se expandir socialmente, agregando um número sempre maior de indivíduos conhecedores dos fatos indignados com seus teores. Por outro lado, na lógica das mídias, a crise atinge um ápice em sua divulgação e desaparece com a mesma rapidez com que veio à luz. O fato é que a crise está associada, segundo essa lógica, à sociedade do espetáculo, ainda que constitua um dado catastrófico, desumano ou de explícita imoralidade. A crise se torna um dado público exposto ao juízo coletivo que avança na elaboração de diagnósticos e emissão de sentenças, sem precisar necessariamente aprofundar a realidade dos fatos. Essa é a crise produzida social e midiaticamente: um instante tão intenso quanto efêmero, um fato que começa e termina como que um presente desvinculado do passado e do futuro. Dessa produção social nenhuma crise real pode hoje escapar e se mostrar em sua pura factualidade ou racionalidade: a visão que garante o conhecimento de sua exata dimensão e dos nexos de causa e efeito em que se encontra envolvida. A crise socialmente construída é por si mesma uma efemeridade mobilizadora política e eticamente ambígua, na medida em que pode provocar mudanças históricas ou promover o esquecimento; em outros termos, mover-se no território da consciência crítica ou da consciência ingênua. A pergunta necessária é, obviamente, pela crise real que está na base da crise tornada pública e que persiste em outro ciclo temporal e com outros mecanismos de permanência ou de superação. A sequência veloz da *exposição-mobilização-sentença* produz, via de regra, uma espécie de solução da crise na medida em que ela atinge seu ápice na indignação pública; ela fica, desse modo, publicamente solucionada pela lei da catarse coletiva e publicamente superada pela lei da novidade espetacular que a sucede com outro fato mais recente que ocupa a ordem do dia. Contudo, como será visto a seguir, a produção social dos fatos exerce uma função importante de controle social ao expor o que está oculto e precipitar o ápice crítico dos acontecimentos.

b) A crise como processo

A tomada de consciência de um quadro de crise entende os fatos como situados em uma cadeia de causas e consequências, como resultados de conjunção de fatores que combinados entre si geraram aquela situação. Em outros termos, a crise é preparada por estruturas, agentes e interesses, incluindo entre esses as estruturas mais ou menos propensas a induzir o acontecimento, os agentes mais e os menos conscientes e, por conseguinte, mais ou menos responsáveis por aquele quadro crítico. Uma crise resulta, portanto, de opções, decisões e omissões dentro de um quadro histórico e institucional de possibilidades e oportunidades. No caso, o olhar analítico se volta para detectar essas condições de possibilidade e encontra no passado remoto ou próximo uma série de causas. Nesse sentido, a crise da Igreja Católica tem um histórico que aponta para uma estrutura institucional que abriga os sujeitos responsáveis e permite que sob regras institucionais e hábitos culturais tomem decisões consideradas desvios social e moral. Nos casos de pedofilia, há que considerar que não pode haver um sujeito sem um sistema no qual ele se insira, ainda que ele deva responder sem concessões por seus atos individuais. As proporções e a duração assustadoras dos casos exigem que os responsáveis se situem em um sistema possibilitador, uma vez que não caberia a explicação pelo conceito de epidemia ou de mero voluntarismo de algumas condutas. Há um modo de ser socioeclesial que não justifica mas ajuda a explicar aqueles fatos críticos, marcado, certamente, por isolamento individual e fraco controle social, por corporativismo grupal e autorreferencialidade eclesial e por um tipo de cultura do segredo e da punição moral – solução moral – que dispensa da responsabilidade e da punição civil de natureza legal e pública.

Os casos de corrupção e a própria crise política do pontificado de Bento XVI não constituem igualmente casualidades ou acidentes de percurso. Refletem, antes de tudo, uma estrutura e um *modus operandi* de governo por parte do papado e da Cúria Romana (cf. KÜNG, 2012, p. 73-102). Sem o Banco do Vaticano e sua inserção em um "certo mercado", não teriam acontecido os casos de corrupção com seus conhecidos desdobramentos. Os escândalos de espionagens internas ao papado só puderam acontecer dentro de um regime de poder marcado por forças que se colidiram em busca de algum interesse pessoal no centro do poder da Igreja e do Estado do Vaticano. A crise entendida como um processo conecta necessariamente no mesmo sistema condutas individuais e estruturas, uma determinada cultura organizacional presente com a história que a construiu, a deterioração de uma ordem particularizada com sua inserção em uma ordem mais ampla da conjuntura histórica. Ainda que sejam dispensados os juízos sobre "os responsáveis" pela crise da Igreja, é preciso considerar seu aspecto sistêmico para que possam construir saídas eficazes. Em outros termos, a troca de personagens ou a reforma moral das condutas desviadas atingem mais os efeitos que as causas, ainda que constituam enfrentamentos indispensáveis do processo de superação da crise.

c) Significado da crise

A palavra crise – *krisis*, em grego – é de origem médica e designa o ponto crítico da doença que permite um diagnóstico (cf. ABBAGNANO, 2007). Na teoria de Hipócrates, significava possibilidade de conhecimento e de solução de um quadro crítico de saúde. Crise estava relacionada, portanto, tanto ao que poderia deteriorar quanto à possibilidade de inflexão para uma nova compreensão e uma nova etapa. Na filosofia grega, o termo é também utilizado no sentido de juízo crítico sobre determinada questão. As ciências humanas incorporaram em seu repertório a questão da crise, seja para entender os momentos de mudança histórica, seja de mudança de um sistema. Os primeiros sociólogos e economistas entendiam as crises como inerentes ao processo de mudança da história, quando se passava de uma época a outra. Em todos os casos, a crise significa a consciência das condições reais de uma determinada conjuntura e a possibilidade de construir as condições de sua superação. A crise é um movimento que pode acionar as forças de destruição ou as forças de transformação. Para E. Morin, a crise comporta dois aspectos: um de revelação de algo que permanecia desconhecido (momento de consciência, juízo e verdade) e outro de efeitos, quando se pode tomar uma decisão por modificações renovadoras (cf. apud CASTELLS et al., 2014, p. 147-151).

A pergunta pela origem da crise também é importante. Ela pode advir de fora ou de dentro do sistema em questão. Em nossos dias de sociedade da informação instantânea, as crises têm sua origem na conjugação dos dois aspectos. As mídias têm exercido muitas vezes um papel maiêutico de expor as crises latentes ou escondidas no interior de um determinado sistema e, desde então, os fatores internos vão se expondo em suas lógicas até então desconhecidas. O fato real e o fato social estão intimamente ligados, muito embora a duração real de uma crise nem sempre seja acompanhada por sua duração midiática e social. A rotina consome o espetáculo público, assim como a memória das crises, na medida em que o novo se impõe nos últimos acontecimentos com seus novos apelos.

A produção social das crises, na medida em que foca o presente como tempo absoluto a ser comunicado e vivenciado em sua plenitude, pode contribuir com o esquecimento das mesmas e, por conseguinte, com a perda da consciência de sua permanência e de sua superação na duração histórica real das transformações. Essa perda de consciência "desfaz" socialmente as crises, embora elas, na verdade, possam permanecer à espera das superações possíveis onde se encontram alojadas.

É nessa moldura conceitual mais ampla que se enquadram as reflexões sobre o pontificado do Papa Francisco. A crise é uma chave de leitura fundamental para compreender os fatos relacionados com a saída de Bento XVI e a eleição de Francisco. Trata-se de uma categoria que não somente visa expor os significados possíveis desses fatos, mas também da busca de um sentido para os mesmos: como momento de saturação e de superação de um sistema, no caso a Igreja Católica, de onde emerge o novo como decisão e como saída. A crise se mostra, assim, parceira da esperança, parâmetro de rumos novos a serem assumidos pela Igreja.

A consciência da crise da Igreja

A consciência da crise da Igreja Católica, assim como de outras crises, deve ser considerada não como uma consciência uníssona, mas como diversa em graus em função dos sujeitos que passam a conhecer os fatos e julgá-los, desde então, como crise. Certamente a imagem de círculos concêntricos contribui para a compreensão. Há uma primeira esfera mais ampla, despertada e movida, sobretudo, pela grande mídia que toma consciência dos fatos, segundo a lógica já descrita anteriormente. Trata-se de uma consciência coletiva, marcada por informações pontuais e por atualizações dos fatos, porém enquanto durarem as coberturas midiáticas. O percurso dessa consciência, um tanto apaixonada e indignada, está associado, portanto, à temporalidade das informações. Ela tem, contudo, um papel de pressão e de mobilização social; contribuiu, no caso da Igreja Católica, ainda que sob os riscos de imprecisão e injustiça, com a revelação da crise. Sem essas pressões externas, muitos fatos teriam, por certo, permanecido no anonimato. A segunda esfera da consciência da crise é a dos sujeitos internos à Igreja, aqueles posicionados mais perto do epicentro da crise, de modo direto os membros da hierarquia como um todo, sobretudo os que estão envolvidos diretamente no exercício do poder central. Trata-se, obviamente, de uma consciência mais exata dos fatos e, por conseguinte, interessada em ocultá-los ou em superá-los, a depender dos juízos e dos interesses em jogo. Em ambos os casos, essa consciência pode contribuir com a substituição da memória pelo esquecimento na medida em que o tempo passa. Vale lembrar que, realmente, muitos membros da hierarquia tentaram, até quando foi possível, ocultar os referidos escândalos da Igreja. Alguns defenderam essa tese ao interpretar a renúncia de Bento XVI e até mesmo durante o conclave que chamava para si a responsabilidade pelos destinos imediatos da Igreja. A terceira esfera da consciência da crise se localiza precisamente no centro detentor das informações: o papa e seus assessores diretos, uma vez munidos de dados precisos sobre os fatos, as causas e os sujeitos envolvidos diretamente na crise. Sob a histórica cultura católica do sigilo, essa consciência carrega, por certo, a dor do conhecimento, o peso da responsabilidade na busca de soluções. Com efeito, é dessa que as soluções efetivas poderão vir, por meio de reformas estruturais que possam ser negociadas colegiadamente ou emitidas por meio de decretos. Na eclesiologia católica, trata-se da instância legítima de decisão: o primado da conservação ou da mudança no conjunto da Igreja.

Essas três esferas de consciência, embora não sejam isoladas, têm suas dinâmicas e expectativas próprias. O grande desafio será, certamente, a mobilização da segunda esfera para que a primeira possa contar com sua cumplicidade efetiva nas reformas possivelmente em curso. Sem a cumplicidade na consciência da realidade da crise por parte dos membros dirigentes de toda a Igreja, qualquer mudança poderá sucumbir na resistência velada ou na indiferença.

a) A tomada de consciência

A crise das instituições, uma vez exposta, constitui um momento de revelação de que algo está errado e deve ser mudado. É o momento em que se começa a gritar e a perceber que "o rei está nu". Do contrário, embora ela possa existir de modo latente ou ocultado intencionalmente, a rotina prevalece como indicadora da regularidade da estrutura e das funções. A revelação da crise é, nesse sentido, a tomada de consciência inevitável da real situação de um sistema ou de uma instituição. É o início de uma mudança possível. Nesse sentido, a saída quase silenciosa de Bento XVI e a entrada carismática de Francisco compuseram duas semânticas complementares que permitiram, ao mesmo tempo, demarcar uma crise real que se abatera sobre a Igreja e que exigia mudanças urgentes. A renúncia delatava a gravidade da situação, instaurava o desconforto político e criava a disposição para a renovação. Francisco era, com efeito, a resposta, a voz que ecoava após o silêncio e, por essas razões, a saída possível para a crise. No meio da indigência política, o carisma emerge como possibilidade de renovação, explica Max Weber (1997, p. 848). A renovação se torna necessária e, portanto, legítima pela força de um personagem carismático que se apresenta como autorizado em nome de Deus para tal missão (cf. WEBER, 1997, p. 193). Se é verdade que o carisma cai na rotina e se institucionaliza, também é verdade que a tradição se deteriora e cede lugar a líderes renovadores, sendo esses a possibilidade legítima de origem extraordinária de conduzir a instituição para as mudanças necessárias. O Cristianismo tem vivenciado essas dinâmicas ao longo de sua história: a afirmação de saídas renovadoras a partir de seu carisma fundante e a afirmação da instituição como garantia de fidelidade ao mesmo carisma. Essa tensão entre carisma-instituição é inerente ao Cristianismo e graças a ela a Igreja pode construir seus modos de operar dentro das diversas conjunturas históricas. O carisma cristão em seu *status nascendi* será sempre a fonte de divergência, de ruptura e de renovação da instituição, fonte de onde os seguidores testam sua fidelidade ao mestre e de onde retiram, ao mesmo tempo, a seiva de sua vitalidade dentro da rotina da história que tende a tragar toda vontade de mudança.

A crise instaurada na Igreja Católica foi, com efeito, assumida, já no final de um doloroso processo de exposição pública, como sistêmica, ou seja, de todo o conjunto e das partes da comunidade cristã católica, não somente por advir de diferentes Igrejas particulares nos casos de pedofilia, mas na medida em que, a partir do governo central, se tornou uma causa comum para toda a Igreja. O fato de se instalar no centro do governo da Igreja atingiu não somente a burocracia central, a pessoa do papa, mas também o papado com todo o seu aparato de governo, além de envolver tendências em busca de hegemonia nas instanciais curiais, tendências que têm lastros no conjunto do corpo eclesial. E os casos de pedofilia atingiam números que extrapolavam leituras e soluções localizadas, mostrando-se sempre mais como um problema geral para a comunidade eclesial. A Igreja Católica se viu, de fato, envolvida em uma crise de grandes proporções. Os discursos que visavam relativizar os fatos perderam rapidamente sua legitimidade e não faltaram aqueles que em nome da própria Igreja se lançaram sem medo como defensores de uma mudança necessária e urgente nas condutas e nos próprios rumos da Igreja. Ao menos do que se tornou público, sabe-se que, nas reuniões das congregações que visavam preparar o conclave após a renúncia de Bento XVI, o debate sobre a realidade de uma crise na Igreja se fez presente. Alguns cardeais se declararam publicamente favoráveis a uma mudança de rota na Igreja na direção da coerência e do diálogo com o mundo contemporâneo.

b) O início da saída

O Papa Francisco apresentou-se, com efeito, munido de uma missão renovadora não somente da Cúria Romana, mas de toda a Igreja, não poupando sinceridade e ousadia em seus discursos desde as suas primeiras aparições na condição de pontífice. De dentro da instituição que, por natureza, existe para preservar ideais e regras se apresentou com uma programática reformadora já presente na própria escolha do nome "Francisco". Ainda na fase de expectativa pública sobre os rumos a serem dados para a Igreja, o papa nomeia uma comissão de cardeais com a missão de contribuir com suas reformas. E acrescentou, de modo explícito, na exortação *Evangelii Gaudium*: "Sonho com uma opção missionária capaz de transformar tudo, para que os costumes, os estilos, os horários, a linguagem e toda a estrutura eclesial se tornem um canal proporcionado mais à evangelização do mundo atual que à autopreservação" (27). A "renovação inadiável" do conjunto da Igreja busca sua fonte no próprio Evangelho, no coração do Evangelho, onde se encontram de modo inseparável o amor a Deus e ao próximo, o Cristo encarnado na carne dos pobres e sofredores de hoje.

Esse roteiro carismático conhecido da sociologia weberiana instaurou na voz legítima do Sumo Pontífice o germe da mudança, ainda que sem ecos por parte da maioria do episcopado. A perplexidade parece ter sido o sentimento e a postura da maioria deles, instalados na segurança muito afirmada de uma instituição segura de si mesma, de sua identidade e ortodoxia dentro do mundo marcado pelo pluralismo e pelo relativismo. Contudo, Francisco tem despertado a consciência da mudança, via positiva que, por um lado, afirma a persistência de uma crise e, por outro, pode criar a ilusão ingênua de uma suposta superação da mesma. O desgaste do carisma renovador, realmente, pode se acelerar quando ele se torna contagiante a ponto de esconder a sua origem, ou a crise que o possibilitou.

A crise sob o signo da promessa carismática de mudança

O Papa Francisco se mostrou como um fato historicamente raro de instalação do carisma dentro da instituição: um encontro da força de renovação na personalidade que tem como função a preservação da instituição. A emergência de figuras reformadoras fora dos quadros dirigentes da Igreja constitui um fato mais regular, sendo que esses já possuem seus destinos traçados nas regras institucionais: expurgação como herege ou assimilação como santo renovador. Também é verdade histórica que as figuras raras de papas reformadores se mostraram eficazes na realização de seus projetos, caso emblemático de Gregório VII. A figura carismática de Francisco se mostrou, desde o início, consciente da gravidade da crise e da necessidade de renovações. Além de seus gestos renovadores que pareciam já oferecer soluções simbólicas, retirando-se, por exemplo, da residência oficial, cenário das traições a Bento XVI, e colocando o exercício do papado na região dos mortais, veio logo a sinalização política com a nomeação do famoso grupo de cardeais encarregados de planejar uma reforma da Cúria e da Igreja. Até o momento, o projeto de reforma da estrutura da Igreja ainda não foi tornado público e permanece no território das expectativas: insegurança e indiferença de muitos, desejo ávido também de muitos. Na exortação *Evangelii Gaudium*, Francisco manifesta expressamente o desejo de uma renovação no próprio exercício do ministério papal; fala em "conversão do papado" na busca da fidelidade ao significado que Jesus Cristo pretendeu lhe dar e às necessidades da realidade atual (cf. 32).

Na atual fase do pontificado, a ideia amplamente tornada pública da crise na Igreja e, em boa medida, do projeto de reforma do papa, já conheceu seu desgaste regular no curto ciclo de vida dos fatos midiáticos. A perplexidade e o entusiasmo dos primeiros meses vão cedendo lugar à rotina e ao esquecimento. Embora o papa permaneça como personalidade portadora de grande simpatia pública, os assuntos da reforma se tornam uma questão cada vez mais interna da Igreja, entregue aos observadores mais atentos e aos torcedores das reformas. A figura pública do papa renovador sobrevive em suas aparições e declarações, embora adstrita a momentos e eventos, sem o vínculo inicial com o contexto eclesial maior que o gerou em nome de uma causa que envolvia toda a Igreja e, de certo modo, toda a sociedade. Essa percepção não designa somente o imaginário social sobre Francisco *ad extra* à Igreja, mas também, em boa medida, o imaginário dos próprios fiéis, senão dos próprios membros da hierarquia. As conexões midiáticas globalizadas produzem, com efeito, conexões de visões ou representações comuns, das quais ninguém pode ficar totalmente isento. Nessa cultura, a reserva de intimidade das instituições e das próprias pessoas se torna cada vez mais vulnerável às influências externas e propensas a desempenhar os papéis socialmente expectados.

Realmente, o carisma renovador de Francisco tem demonstrado longo fôlego por seu modo incomum de lidar com o poder e de abordar as questões até então consideradas "proibidas" ou inconvenientes para a ordem institucional, para a ortodoxia da tradição e para a disciplina do conjunto da Igreja. A figura de Francisco é, ainda, uma promessa de mudança para a Igreja.

Contudo, a figura carismática tem seus riscos inerentes vinculados à organização eclesiástica e à própria sociedade. Toda figura carismática opera, em boa medida, no registro do entusiasmo e do medo da parte dos que se relacionam a ela por vínculos voluntários, funcionais ou legais. O carisma está sujeito à rotina propulsionada por fatores internos e externos à instituição, ou, quase sempre, numa conjunção entre os dois. O drama inerente a todo carisma é conseguir se traduzir coerentemente em objetivações que estejam fora do exercício da personalidade que o possui e o comunica. Se não se objetiva, ele morre com seu portador, se não antes dele, na medida em que as contingências físicas vão dificultando a personalidade de fazer as reformas desejadas e prometidas. O carisma vigoroso de Paulo de Tarso precisou do Concílio de Jerusalém para se efetivar nas primeiras comunidades. O carisma do bondoso Papa João XXIII precisou dos padres conciliares para fazer o *aggiornamento* da Igreja. Muitas figuras carismáticas não puderam deixar a herança de seus dons por serem ceifadas da vida, por serem traídas por seus seguidores ou por não terem manejo político hábil o suficiente para fazer acontecer seus ideais renovadores.

a) A instituição desgasta o carisma

O primeiro desgaste advém da própria instituição onde o carisma se encontra alocado. Toda instituição tende a tragar em sua funcionalidade normal as propostas de mudança. A eficácia funcional da máquina administrativa encarregada de gerir o dia a dia da instituição contribui com a rotinização do carisma, agindo sobre ele mais pela lei da inércia do que pela da rejeição direta e explícita. Vale o princípio "nada como um dia após outro". A impessoalidade característica da máquina burocrática constitutiva das organizações faz com que essas sigam seus cursos regulares sem a regência direta da personalidade gestora, sobretudo em casos de um poder gestor central como o do papa e de um corpo político complexo como a Igreja Católica. Ademais, os traços pessoais da personalidade gestora estão de tal modo encaixados nas regras fixas do organograma e do fluxograma institucionais que não interferem necessariamente em suas regularidades. A Cúria Romana e as cúrias locais são organizações que autofuncionam sem seus respectivos prelados, e até mesmo apesar deles. Não se trata, em princípio, de uma perversão administrativa ou, no caso da Igreja, de uma perversão eclesiástica ou eclesial, mas de um *modus operandi* sem o qual se regrediria a modos de organizações patriarcais personalizadas incapazes de gerir organizações mais amplas e complexas como a Igreja Católica. A vida institucional da Igreja tem, de fato, continuado seu curso de sempre com o Papa Francisco. As nomeações de bispos continuam acontecendo pelos caminhos instituídos das nunciaturas apostólicas. Seguem também seus cursos regulares as administrações jurídicas e pastorais das Igrejas particulares, as celebrações com seus roteiros e até mesmo as pregações com seus capitais simbólicos regulares, como antes, na programática de Bento XVI. Essa institucionalidade pode dispensar os ideais reformadores de Francisco ou transformá-lo em uma figura decorativa que, na força de sua simpatia pública, legitima a regularidade estabelecida, fazendo com que o novo seja uma força sustentadora para a conservação do antigo. Sob o efeito

Francisco: de sua imagem e de suas palavras entusiastas, a estrutura estável se perpetua em sua inércia.

b) A assimilação interessada do carisma

O segundo risco é o da leitura seletiva ou da releitura tradicional do novo que se tem revelado na programática Francisco. Essa postura está em curso e se mostra na recepção seletiva da exortação *Evangelii Gaudium*, por exemplo. O propósito de renovação da Igreja é traduzido como reforma da vida espiritual do Povo de Deus, segundo o conhecido dualismo, sem qualquer conexão com a vida concreta da sociedade e da própria comunidade eclesial. A alegria do Evangelho se traduz em expressões entusiastas nas assembleias litúrgicas. A opção pelos pobres fica esquecida por completo, como se não estivesse no centro da renovação missionária da Igreja proposta pelo papa. E na posição extrema se situam, ainda, aqueles que optam pela indiferença a essa "nova etapa evangelizadora" (EG 17) proposta pelo papa, reproduzindo os discursos e as práticas de sempre.

c) O exercício entusiasta do carisma

O terceiro risco vem do próprio carisma. Por sua exuberância pública, o carisma pode se reproduzir sobre si mesmo na forma de gestos e palavras que reforçam a figura de seu portador, de tal modo que dispensa sua encarnação real na história ou nas estruturas que o abrigam. Na sociedade midiática atual, esse risco se mostra ainda mais real. É quando a liderança se torna uma espécie de folclore que agita e consola com suas promessas ideais e irrealizáveis. Tal postura pode ser reforçada por uma teologia de cunho abstrato que espiritualiza os projetos de renovação como uma convocação genérica sem necessidade de projetos concretos de mudança. A figura do papa na Igreja Católica não está livre do exercício entusiasta do carisma exercido em nome da dignidade do ministério petrino, em função da autoridade pontifical que pode dispensar mediadores e se efetivar por meio de discursos, oficiais ou não, que comunicam solenemente certos ideais renovadores e por meio de rituais marcados por espetáculos fervorosos que dispensam mudanças nas estruturas e nas próprias linguagens. Os benefícios estéticos do carisma podem dispensar sorrateiramente sua função ética, fazendo prevalecer a conservação sobre a mudança, a emoção sobre a realidade, o instante presente sobre a memória do passado. O exercício carismático se torna, no caso, uma qualidade pessoal extraordinária capaz de agregar massas e de difundir-se como graça, sem produzir efeitos na instituição na qual se aloja. Na comunidade católica, marcada pela lógica política da acomodação da pluralidade de carismas no seio da mesma linha temporal (a tradição) e do mesmo corpo social (a comunidade), os carismas podem ser exercidos no paralelo ou na superfície da instituição, sem cobranças políticas para que sejam traduzidos em mudanças efetivas na organização e nas mentalidades.

Em todos esses casos o carisma da mudança pode sucumbir sem efeitos concretos e ocultar sob suas promessas entusiastas a crise real da instituição. A fase carismática, por si mesma portadora de energias renovadoras para a instituição, tem em boa medida sua durabilidade quando consegue revelar ao mesmo tempo a crise que o produziu e a promessa de renovação. Sem a consciência permanente da crise, todo discurso renovador perde sua legitimidade e se torna desnecessário para a instituição que burocraticamente continua funcionando quase sempre bem. A organização institucional da Igreja Católica encarna de modo muito emblemático essa eficácia funcional e tende a dispensar as reformas.

Contudo, Francisco tem mantido o vínculo entre a crise e o carisma. A sua postura transparente revela a consciência crítica sobre os problemas persistentes dentro da Igreja, de modo particular na Cúria Romana. Ao mesmo tempo, continua anunciando as reformas necessárias em seus discursos. A elucidação da crise persistente sustenta a legitimidade das reformas em curso.

PARTE II

O VATICANO II E A REFORMA PERMANENTE DA IGREJA

A Igreja foi lançada para uma nova fase de sua história a partir do Vaticano II. Foi um evento que recolheu as reformas que já estavam em curso na Igreja havia várias décadas e as institucionalizou como doutrina oficial naquele grande evento. As renovações práticas e teóricas se encaminhavam nos campos da atuação social e política dos cristãos leigos por meio da Ação Católica, da renovação dos estudos bíblicos e patrísticos, da ação ecumênica, da renovação litúrgica e da reformulação da teologia. O Concílio dialogou com essas renovações a partir da longa tradição da Igreja e ofereceu o novo quadro de referências sobre a Igreja e o mundo e, concomitantemente, sobre a relação entre as duas realidades.

A postura conciliar foi de acolhida, de diálogo e de serviço. Acolhida do ser humano em suas condições concretas dentro da sociedade moderna, diálogo com as estruturas e a cultura moderna e serviço à humanidade, de modo particular aos pobres. Acolhida das outras religiões, diálogo com suas verdades e serviço na caridade. Acolhida positiva das ciências modernas, diálogo com suas verdades e serviço conjunto com as mesmas à humanidade. Nesse tripé, os padres conciliares enfrentaram as temáticas que eram colocadas para reflexão, discernimento e decisão. Os documentos conciliares, ainda que em boa medida diferenciados no conteúdo e no estilo, foram os resultados desse método. A Igreja da misericórdia, do discernimento e do serviço desinteressado triunfou diante da Igreja centrada no poder do papa e dos bispos e definida como hierarquia perfeita.

Entretanto, a mesma estrutura tradicional permaneceu quase intacta na organização da Cúria Romana, no exercício centralizado do papado e, por conseguinte, no ministério dos bispos e dos presbíteros. O Espírito renovador conciliar se espalhou pelo mundo de diferentes formas e com diferentes intensidades e produziu efeitos significativos em muitas Igrejas locais. Contudo, o *modus operandi* regular dessa estrutura eclesial preservada ajudou a rotinizar o carisma renovador conciliar, o que contou, ainda, com o reforço crescente de um pensamento tradicional que interpretava a realidade sem os parâmetros conciliares. Cada vez mais se configurou uma prática eclesial e, por conseguinte, uma eclesiologia que subsistia sem as referências do Vaticano II. A luta pelo sentido do Concílio se tornou uma questão sempre mais visível dentro da Igreja, e a leitura antirrenovadora do evento triunfou nas instâncias oficiais. O Papa Francisco se referiu à resistência ao Concílio com palavras simples e contundentes:

> O Concílio foi uma obra bela do Espírito Santo. Pensai no Papa João: parecia um pároco bom e foi obediente ao Espírito Santo e fez aquilo. Mas, depois de cinquenta anos, fizemos tudo aquilo que o Espírito Santo nos disse no Concílio? Não. Festejamos esse aniversário, fazemos um monumento, mas que não dê aborrecimento. Não queremos mudar. Ademais, há vozes que querem voltar atrás. Isso se chama ser cabeçudo, isso se chama querer domesticar o Espírito Santo, isso se chama ser tolos e ter coração lento. (Homilia de 16 de abril de 2013 na Casa Santa Marta)

A obra renovadora do Espírito continua na Igreja. O Vaticano II é atual e permanece como a referência para os rumos reformadores do papa. É a fonte de reforma permanente da Igreja no mundo em busca do Reino. Nessa posição, a Igreja está em reforma permanente. Muitos afirmam posturas pré-conciliares como renovadoras, outros como garantia de identidade eclesial. Francisco se posiciona precisamente no marco conciliar e, em muitos aspectos, tira as consequências das decisões conciliares: vai concluindo muitas das reformas orientadas pelo Concílio, porém posteriormente esquecidas ou minimizadas.

1
O MARCO CONCILIAR

O Vaticano II constitui o marco eclesial fundamental para todos os católicos e, em certa medida, para os demais cristãos ou, até mesmo, para outros crentes. O processo conciliar concluído em 8 de dezembro de 1965 deixou para a Igreja o seu próprio legado: um novo modo de a Igreja pensar a si mesma e posicionar-se perante o mundo. Mais que um conjunto de doutrinas estipuladas em fórmulas fixas referentes a tópicos específicos de fé, o Concílio significou a construção de uma visão de conjunto e de uma postura eclesial a ser vivenciada daquele momento em diante. Nesse sentido, o Concílio demarca um modo de a Igreja se portar no mundo em cada tempo e espaço, um modo que não se conclui, ao contrário, assume a provisoriedade da história como dinâmica de sua própria existência fundamentada no carisma de Jesus Cristo sob o impulso permanente do Espírito. Em outros termos, a Igreja é histórica e nessa condição busca discernir e responder, aprender e ensinar, transmitir (tradição) e renovar-se. O discernimento permanente constitui, desde então, o modo de vivenciar a fé dentro das diversas realidades. Diz a *Gaudium et Spes* que, para desempenhar sua missão, a Igreja deve perscrutar os sinais dos tempos e interpretá-los à luz do Evangelho para que possa responder de "maneira adaptada a cada geração às interrogações eternas sobre o significado da vida presente e futura e de suas relações mútuas" (4).

O confronto entre a Palavra e a realidade foi, com efeito, o método fundamental dos diálogos construídos pelos padres conciliares com as realidades assumidas para a reflexão. Não havia uma teologia pronta para os padres, mas um processo de reconstrução que buscava confrontar a tradição com as realidades novas, a teologia clássica com o pensamento moderno, a fé e as ciências, a moral com a antropologia moderna. O evento conciliar proporcionou um salto hermenêutico em relação à cultura católica anterior; foi um movimento na direção do ser humano, dirá o Papa Paulo VI em seu discurso de encerramento do grande evento.

Os quatro anos de duração do Vaticano II renovaram a Igreja no seu ponto de partida (acolhida da alteridade), no método de trabalho praticado (o diálogo) e na meta a ser atingida (a comunhão universal) (cf. PASSOS, 2014 [a]). Pode-se dizer que a Igreja não chegou às últimas consequências nesse processo, mas se abriu para os outros, ensinou a dialogar e afirmou o amor como a meta de toda a ação humana e a razão de ser de si mesma. O outro adquiriu feições concretas pelo mundo afora (os pobres, os negros, as mulheres, os índios, as culturas e as religiões). O diálogo foi sendo praticado, do ponto de vista pastoral e teológico, com as múltiplas realidades e com métodos mais aprimorados. A comunhão permaneceu como princípio e meta, seja como modos concretos de organizar a Igreja, seja como reserva utópica inesgotável para além de todas as conjunturas históricas. Essa é a marca conciliar que ainda orienta a Igreja em sua práxis.

O *aggiornamento* da Igreja

O anúncio de um novo concílio por parte de João XXIII pegou a comunidade católica e o mundo desprevenidos. O mundo moderno se encontrava cada vez mais distante da Igreja com seus avanços tecnológicos, com suas primeiras preocupações de ordem global no contexto da Guerra Fria e com seus temores em relação à paz mundial, com a memória recente da catástrofe da Segunda Guerra

Mundial. A Igreja havia perdido sua hegemonia e, em certa medida, sua relevância em relação à sociedade moderna; permanecia como uma instituição antimoderna caudatária direta do antigo regime e, para muitos, depositária de uma desconfiança sobre as posturas adotadas em relação aos regimes nazista e fascista. De sua parte, a Igreja se mantinha estável em suas bases institucionais, canônicas e teológicas. Naquele 25 de janeiro de 1959, o anúncio de um novo concílio era, para muitos prelados, algo extemporâneo e até mesmo desnecessário. A era dos papas Pios havia colocado a Igreja em uma rota segura estável perante as grandes turbulências modernas. A Igreja nunca estivera tão segura da verdade e de si mesma. Ademais, o Vaticano I, acreditavam muitos, havia encerrado a era dos concílios, tendo em vista a nova definição doutrinal a respeito do papa. O pontífice gozava, desde então, de um domínio da palavra magisterial da Igreja; não havia lugar para exercer a colegialidade nem a necessidade de uma assembleia conciliar. Os documentos usualmente promulgados pelo papa dariam conta, por si mesmos, de qualquer posicionamento que fosse necessário ser feito pela Igreja Católica. Não foi por acaso que o anúncio do novo concílio deixou de causar qualquer empolgação por parte dos cardeais ali presentes, muito menos da Cúria Romana. Certamente, por detrás das paredes se perguntavam: para que um concílio em uma instituição tão bem estruturada? Ou se interrogavam: o que esse papa idoso quer com isso? E, por certo, nos escritórios curiais romanos: como pode anunciar um concílio sem nos consultar na qualidade de especialistas oficiais?

Uma ousadia histórica e um atrevimento institucional. O novo papa tomara posse havia três meses. Era um novato diante do longo pontificado de seu antecessor, homem da instituição, de grande obra na administração eclesiástica e de mão firme em relação às questões modernas que vasavam para dentro da Igreja, sobretudo por dentro da teologia. O anúncio do grande evento provocara, realmente, uma espécie de choque cultural na rotina curial e na própria rotina eclesial como um todo. O anúncio inesperado era, de fato, o novo que emergia inesperadamente dentro do velho, a insegurança plantada dentro da estabilidade, o risco do futuro incerto perante a tradição segura e seus vigilantes. E o próprio papa dizia que a ideia de um novo concílio não havia brotado de uma longa reflexão, mas que nascera como "flor de inesperada primavera". Contudo, sempre insistia que se tratava de uma "inspiração do alto", de um sopro do Espírito que traria um "novo Pentecostes" para a Igreja. As metáforas teológicas já expressavam o significado de uma novidade que aconteceria na Igreja, de uma ação renovadora do Espírito. O papa era nada mais que um instrumento desse impulso divino sobre a comunidade dos seguidores de Jesus Cristo.

a) O carisma de João XXIII

João XXIII assumiu pessoalmente a condução do processo ou, mais precisamente, a própria construção da ideia do novo concílio. O concílio vingou por ser uma obra do papa e por ser idealizado por ele; foi fruto de sua autoridade e de seu carisma. Sem a doutrina da autoridade papal, as estruturas estáveis da Cúria Romana e os sujeitos institucionais não teriam acatado os propósitos de um novo concílio e muito menos caminhado para a construção de um consenso a respeito. A prerrogativa papal de convocar os concílios possibilitou a realização do Vaticano II quando tudo conspirava contra. Mas foi o carisma pessoal do ancião bondoso que construiu com habilidade político-espiritual o conceito, os passos e o método de trabalho do Concílio. Em idade avançada gerou para a Igreja o maior dos concílios. Essa fecundidade não faz parte dos personagens institucionais que se identificam com as estruturas que representam e exercem suas funções para reproduzi-las de modo conservador. O papa, evidentemente, é uma figura institucional, constituída para preservar a instituição eclesial de preferência intacta. Essa ideia pautou a doutrina e as expectativas em relação ao ministério papal e, como se sabe, a própria escolha do velho patriarca de Veneza. Nesse sentido político, um papa reformador é uma espécie de "traidor" da instituição e da norma estabelecida. E não foi outra a visão do poderoso Cardeal Alfredo Ottaviani, especialista em lei eclesiástica e secretário do Santo Ofício, em relação ao novo papa e aos seus propósitos reformadores.

Como entender o carisma de João XXIII dentro daquela instituição estável? Como padre e bispo, havia, com efeito, exercido funções para a ordem eclesial e para a burocracia eclesiástica. Mas vale lembrar alguns detalhes de sua carreira que, ao menos sob o olhar da lógica política, permitem entender em parte seu comportamento renovador. Era de origem rural e trazia consigo a memória da vida pobre e simples e da vida pastoral em sua paróquia de aldeia em Sotto il Monte. Como padre, foi primeiramente professor de História da Igreja, de onde retirou a visão dos processos de mudança da Igreja no decorrer do tempo e, de modo particular, a visão dos concílios com suas definições que deram diferentes rumos para a Igreja. Como bispo, viveu a experiência do limite do Cristianismo e das contradições da civilização europeia cristã na Segunda Guerra Mundial. No limite da Igreja latina, viveu no Oriente por vinte anos, primeiro como visitador apostólico na Bulgária e, em seguida, como administrador apostólico na Turquia. Exerceu essas funções entre povos de maioria ortodoxa e muçulmana. Na Turquia, participou de esquemas de salvamento de judeus das perseguições nazistas. Foi designado para núncio de Paris com a missão de apaziguar conflitos com o governo francês nos efeitos pós-guerra. Ali conviveu com a vitalidade e a repressão da *nouvelle théologie*, que recolocava a reflexão teológica numa retomada das fontes bíblicas e patrísticas e em diálogo com as realidades históricas. O Cardeal Roncalli chega ao papado após ter ido ao fim do mundo, ao fim do Cristianismo e ao fundo do poço da dignidade humana. Banhado nessas águas e portando essas heranças chegou ao pontificado. Nos limites do Cristianismo aprendeu, certamente, os limites da Igreja e alimentou os desejos de uma renovação que a colocasse a serviço da humanidade.

b) A renovação da Igreja

Após o anúncio do novo concílio, João XXIII foi dando os passos em uma direção que parecia conhecer previamente. Não seria o novo concílio continuidade do primeiro, como alguns esperavam, mas um segundo realizado no Vaticano; seria um concílio ecumênico realizado com todos os bispos do mundo; seria um evento renovador da Igreja para mostrá-la ao mundo sem rugas e sem manchas; assumiria como uma questão importante o diálogo com outras Igrejas cristãs; os bispos do mundo deveriam ser consultados a respeito dos rumos do evento e a Igreja deveria pensar a si mesma em sintonia com as mudanças modernas. Os encaminhamentos dos trabalhos não delegaram a condução dos rumos somente aos profissionais da Cúria, ainda que as comissões instituídas estivessem sob a coordenação dos dicastérios. A criação de um Secretariado para a União dos Cristãos, sob a coordenação de um especialista em Bíblia, na sequência feito cardeal, antes de ser bispo (Agostinho Bea), indicava um dos rumos centrais dos debates: o diálogo com outros cristãos e a presença de uma nova abordagem teológica que vinha dos estudos das Sagradas Escrituras. Tal Secretariado vai ser o epicentro institucional da renovação nos momentos de crise em debates não somente relacionados ao diálogo entre os cristãos – que logo em seguida se torna diálogo entre as religiões –, mas também de questões teológicas.

A plataforma de renovação foi sendo lançada e instituída como caminho natural do processo conciliar. A Cúria Romana havia dado os rumos dos conteúdos dos esquemas pré-conciliares, embora sem a hegemonia da velha teologia escolástica. As comissões contavam com assessorias diversificadas, incluindo a de teólogos antes execrados pelo Santo Ofício como perigosos e heréticos. A máquina inconsútil dos aparelhos curiais e o sistema teológico católico uníssono se encontravam, de fato, afetados por novas ideias. A Igreja pré-moderna estava sob ameaças de demolição, o que despertava a necessidade de organização por parte de seus defensores moderados e intransigentes.

Um passo simbólico e político fundamental do projeto de renovação foi dado com o *Discurso de abertura do Concílio* pronunciado por João XXIII e redigido pessoalmente por ele com todo cuidado. No terceiro parágrafo já apresenta a ideia de um confronto entre a tradição (a continuidade do Magistério da Igreja) e os homens de nosso tempo (com seus erros, exigências e possibilidades). Fala, em seguida, das "atualizações oportunas" que permitirão à Igreja cumprir sua missão. Rejeita a postura dos "profetas da desgraça" que só enxergam nos tempos modernos "prevaricações e ruínas", bem como a leitura idealizadora do passado, como se fosse um tempo melhor do que o presente. Em seguida, dá o tom essencial a ser seguido pelo concílio: a misericórdia e não a condenação. O papa explicita a necessidade de afirmar a tradição (todo o ensino da Igreja em todos os concílios), aprofundá-la e fazê-la progredir como "autêntica doutrina" em um estudo capaz de entendê-la e comunicá-la em consonância com o "pensamento moderno". E conclui o raciocínio com um princípio fundamental a ser seguido nos trabalhos de renovação da Igreja: "uma é a substância da antiga doutrina do *depositum fidei* e outra é a formulação que a reveste" (cf. KLOPPENBURG, 1963, p. 310).

A dupla direção do *aggiornamento*

O concílio do *aggiornamento* trazia desde o seu início o encanto/desafio pela renovação como um apelo do papa, como inspiração do Espírito e como desafio metodológico. O processo conciliar construirá seu próprio rumo desde a sua primeira sessão, quando foi rejeitada a proposta regimental de escolher os nomes que comporiam as comissões de trabalho conciliar. Os padres conciliares fizeram a experiência de ser efetivamente sujeitos da grande assembleia, recusando o velho método de recepção passiva dos documentos emitidos pela Cúria. O concílio conduzido pelos bispos de todo o mundo construiu seu caminho e seu método de trabalho, salvando a regra do consenso na busca da fórmula mais coerente de renovação da Igreja. Na negociação entre os escolásticos, os neoagostinianos e os neotomistas (cf. FAGGIOLI, 2013, p. 102-123), as reflexões conciliares avançavam e amadureciam na busca do *aggiornamento*. A morte do progenitor não havia apagado seu carisma, mesmo com a chegada de um novo papa bem mais "alinhado" com a Cúria. Poderia haver moderação nas renovações, jamais volta. Paulo VI dá sequência às renovações e lança os rumos em seu *Discurso de abertura da Segunda Sessão*. A Igreja deveria tomar consciência de si, da renovação e do diálogo com o mundo. A consciência remete diretamente para a imagem original da Igreja que vem de sua fonte, o próprio Cristo; a renovação exige conversão; e o diálogo coloca na relação com os demais cristãos a sociedade atual por meio do diálogo (disponível em: <http://w2.vatican.va/content/paul-vi/pt/speeches/1963/documents/hf_p-vi_spe_19630929_concilio-vaticano-ii.html>).

A volta às fontes da Igreja e o diálogo com o mundo moderno eram uma espécie de movimento espontâneo das reflexões conciliares, quase um impulso natural na busca de novas referências oferecidas somente pelos parâmetros da teologia tradicional ou pelo Direito Canônico. Mas era, sem dúvida, um movimento consciente que foi crescendo em qualidade e em quantidade, na medida em que as reflexões buscavam conteúdos nas fontes cristãs (nas Escrituras e na Patrística) e se pautavam por um diálogo com as coisas modernas (as ciências de um modo geral e as conjunturas sociais, econômicas, políticas e culturais).

Embora não se possa falar em um único método conciliar, pode-se perceber esse duplo movimento como constitutivo dos trabalhos que resultam nos documentos conciliares. A volta às *fontes* e o *diálogo* com a sociedade e com as demais religiões tinham, na verdade, uma história que atravessara o século XX às margens da Igreja. Os movimentos bíblico e patrístico já haviam construído um patrimônio rico de referências teológicas, incluindo o uso do método histórico-crítico que fornecia novas interpretações dos textos bíblicos. O movimento ecumênico já havia construído pontes com as Igrejas não católicas, e os leigos da Ação Católica já haviam estabelecido contatos ativos com a sociedade e a política modernas. As novas teologias elaboradas nos mundos franco-belga e germânico já vinham articulando esses dois movimentos em suas várias reflexões (cf. LIBANIO, 2005, p. 21-48).

O Vaticano II acolhia esse duplo movimento de renovação que se torna cada vez mais complementar: à medida que se acolhem as indagações e contribuições advindas da cultura moderna, aprofunda-se o significado das fontes da fé; e, à medida que essas fontes da fé são revisitadas, oferecem elementos originais para dialogar com o ser humano em suas condições modernas. O conceito de *sinais dos tempos* utilizado pelo concílio expressa como que em intuição metodológica essa circularidade entre a Palavra e a realidade histórica atual.

A *Gaudium et Spes* fala que, para desempenhar sua missão em cada época e em cada geração, a Igreja deve "perscrutar os sinais dos tempos" e "interpretá-los à luz do Evangelho" (4), fala também em discernir os valores modernos e com eles dialogar a partir dos "desígnios divinos" (11), e afirma ainda que compete ao Povo de Deus, de modo particular aos pastores e teólogos, interpretar e julgar os resultados das ciências à luz da Palavra divina para que "a verdade revelada possa ser percebida sempre mais profundamente, melhor entendida e proposta de modo mais adequado" (44).

Para o teólogo Hans Küng, perito conciliar, o Vaticano II operou teologicamente nessas duas direções que rompem com os padrões hegemônicos da velha escolástica: uma, *centrípeta*, que avançava na direção das fontes cristãs – retomada das fontes bíblicas e patrísticas –, movimento que, com a ajuda dos novos métodos de estudo, resgata dados para a construção das questões centrais da fé – Deus, Jesus Cristo, Igreja etc.–; outra, *centrífuga*, que lança a Igreja na direção do mundo moderno e busca dialogar com o mesmo, com seus valores e práticas políticas e com suas mediações teóricas (KÜNG, 1999, p. 130-133). Com a intuição metodológica dos *sinais dos tempos*, método não exposto em sua totalidade, em suas regras e consequências, o Vaticano II permitiu construções fecundas nos tempos posteriores. Foi, pode-se dizer, a janela definitiva da Igreja para o mundo, por onde foi possível olhar e transitar desde então.

O movimento para fora e para o fundamento da Igreja significa, antes de tudo, superação da postura eclesiocêntrica (a Igreja como centro da verdade dentro da sociedade), da qual decorria uma leitura pré-elaborada da realidade: feita a partir de conceitos fixos que interpretam e julgam qualquer situação a partir de suas noções e de seus valores. Partindo de uma verdade imutável revelada por Deus e confirmada pela razão, se lê e se normatiza a realidade. A leitura dos *sinais dos tempos* significa o esforço de um diálogo entre a fé e a realidade e entre a Igreja e a sociedade, o que desencadeia, inevitavelmente, uma circularidade entre os dois polos. Certamente, não seria fácil verificar a consciência, a profundidade e a agilidade desse círculo hermenêutico no conjunto dos trabalhos e das decisões conciliares. Contudo, o que realmente ocorreu foi uma "virada metodológica" na relação entre os polos em questão e, sobretudo, um consenso crescente no modo de fazer teologia e pastoral na Igreja, inserida conscientemente nas várias temporalidades e espacialidades no período pós-conciliar. Os *sinais dos tempos* se colocaram, de fato, como postura fundamental da Igreja e exigência na busca permanente de aprofundamento de sua missão no mundo. Foram construídas, na teoria e na prática, circularidades que buscaram a compreensão da fé a partir da realidade e da realidade a partir da fé, em polos, desde então, mutuamente implicados: Deus e mundo, Reino e história, Fé e realidade, Texto e vidas, Oração e ação, Igreja e sociedade, Anúncio e transformação.

Francisco leva adiante o movimento conciliar

A circularidade entre fé e vida compôs a postura fundamental da Igreja latino-americana na sua renovação pós-conciliar. Foi estudando e celebrando a Palavra nos grupos e nas pequenas comunidades, e tomando consciência das condições de vida do povo do continente, que as Igrejas desenvolveram métodos de leitura popular da Bíblia: leram a vida a partir da Bíblia e a Bíblia a partir da vida, como se costumou dizer. Aqui também se buscou de modo mais técnico aplicar o método ver-julgar-agir nos momentos de pronunciamento oficial das Igrejas sobre as mais variadas temáticas. Estudar a Palavra para compreender a realidade e a realidade para compreender a Palavra se tornou um caminho comum nas diversas instâncias da pastoral organizada da Igreja. A teologia também seguiu esse método buscando as ferramentas técnicas do estudo textual (uso das críticas histórica e textual e a crítica social) e do estudo da realidade (o uso das ciências que permitem aprofundar a realidade). Ao se dirigir ao grão-chanceler da Universidade Católica de Buenos Aires por ocasião dos cem anos da Faculdade (disponível em: <https://w2.vatican.va/content/francesco/pt/letters/2015/documents/papa-francesco_20150303_lettera-universita-cattolica-argentina.html>), Francisco afirma esse método teológico de modo contundente e claro:

- O concílio como ponto de partida da relação entre Evangelho e vida

  > O aniversário coincide com o cinquentenário do encerramento do Concílio Vaticano II, que foi uma atualização, uma releitura do Evangelho na perspectiva da cultura contemporânea. Produziu um movimento irreversível de renovação que provém do Evangelho. E agora, é preciso ir em frente.

- É preciso avançar nesse método conciliar irreversível

De que modo, então, devemos ir em frente? Ensinar e estudar teologia significa viver numa fronteira na qual o Evangelho se encontra com as necessidades das pessoas às quais é anunciado de maneira compreensível e significativa. Devemos evitar uma teologia que se esgota na disputa acadêmica ou que olha para a humanidade de um castelo de vidro. É aprendida para ser vivida: teologia e santidade são um binômio inseparável.

- A articulação entre as fontes da teologia e a vida concreta dos povos

    Por conseguinte, a teologia que elaborais seja radicada e fundada na Revelação, na Tradição, mas acompanhe também os processos culturais e sociais, em particular as transições difíceis. Neste tempo a teologia deve enfrentar também os conflitos: não só os que experimentamos na Igreja, mas também os relativos ao mundo inteiro e que são vividos pelas ruas da América Latina. Não vos contenteis com uma teologia de escritório.

- A função prática da teologia na vida do povo

    O vosso lugar de reflexão sejam as fronteiras. E não cedais à tentação de as ornamentar, perfumar, consertar nem domesticar. Até os bons teólogos, assim como os bons pastores, têm o odor do povo e da rua e, com a sua reflexão, derramam azeite e vinho sobre as feridas dos homens.

Aquele que leu algumas páginas de teologia elaborada na América Latina reconhece nessa carta o seu método e a sua linguagem (cf. BOFF, 1993). Francisco demarca aqui a sua posição perante o Vaticano II e perante a América Latina, a sua posição de pastor e de teólogo. Ao dirigir-se aos padres sinodais no *Discurso de abertura do Sínodo para a Família 2015* em 5 de outubro de 2015 (disponível em: <https://w2.vatican.va/content/francesco/pt/speeches/2015/october/documents/papa-francesco_20151005_padri-sinodali.html>), assume a mesma postura metodológica quando diz que os padres precisam confrontar de modo orgânico a tradição da fé com a vida:

Gostaria de recordar que o Sínodo não é um congresso ou um "falatório", não é um parlamento ou um senado, onde nos pomos de acordo. Ao contrário, o Sínodo é uma *expressão eclesial*, ou seja, é a Igreja que caminha unida para ler a realidade com os olhos da fé e com o coração de Deus; é a Igreja que se questiona sobre a sua fidelidade ao *depósito da fé*, que para ela não representa um museu para visitar nem só para salvaguardar, mas é uma fonte viva na qual a Igreja se dessedenta para matar a sede e iluminar o *depósito da vida*.

A exortação *Evangelii Gaudium* e a encíclica *Laudato Si'* estão edificadas no método e no conteúdo sobre essa articulação entre a fé e a vida. *Evangelii Gaudium* afirma que a renovação inadiável da Igreja se faz a partir do "coração do Evangelho" (34). Essa expressão é repetida no documento com sua clara intencionalidade de colocar a Palavra como fonte principal da reflexão e da vivência da fé. A pastoral da Igreja não pode ser uma "transmissão desarticulada de uma imensidade de doutrinas que se tentam impor à força de insistir" (EG 35). A doutrina nasce diretamente do coração do Evangelho e a ele deve se submeter. Nesse núcleo fundamental encontra "*a beleza do amor salvífico de Deus manifestado em Jesus Cristo morto e ressuscitado*" (EG 36). É a partir desse núcleo que se deve hierarquizar as verdades, conforme o Vaticano II ensinou (*Unitatis Redintegratio* 11), de forma a sair ao encontro de todos onde Deus já habita (EG 36-39). A renovação inadiável se faz também à medida que a Igreja se encarna nas *limitações humanas* (EG 40). A Palavra anunciada nem sempre é compreendida pelos ouvintes. É preciso adaptar o anúncio às condições e linguagens da cultura contemporânea. É preciso chegar às "periferias humanas", ser uma mãe de "coração aberto" e acolher quem "ficou caído à beira do caminho" (46).

No "coração do Evangelho" acontece naturalmente o encontro prático entre a fé e a vida: o mistério do Cristo vivo presente no outro, de modo especial nos pobres e sofredores. A Igreja realiza sua missão à medida que se insere nesse mistério e dele se faz sinal e servidora.

Laudato Si' afirma que da fé brotam convicções ecológicas (64) que devem somar com as convicções de grupos não crentes. A casa comum da terra é assumida como o horizonte mais amplo e profundo da vida, onde se encontram todos os que assumem uma postura de defesa da vida planetária. A encíclica é um convite a confrontar de maneira profunda a fé no Deus criador com outras posturas que afirmam a dignidade da vida; fala de "um diálogo com todos para, juntos, buscarmos caminhos de libertação" (64). Ao delinear "algumas linhas de orientação e ação" no Capítulo V, a categoria central é o diálogo: "[...] percursos de diálogo que nos ajudem a sair da espiral de autodestruição, [...]" (163). E as esferas que vão sendo delineadas a seguir para esse diálogo expressam as interações da fé com grandes mediações práticas e teóricas: está necessariamente relacionada com a política internacional, nacional e local, com a economia, com as religiões e com as ciências. A casa comum chama para buscas comuns referenciadas por múltiplas interpretações. A problemática ecológica entendida em sua complexidade revela o movimento da fé na direção de uma compreensão atual da questão da vida em termos sistêmicos. Trata-se de um horizonte macroecumênico que exige dos cristãos a construção de caminhos que rompam com todas as endogenias de sua tradição, com as abstrações teóricas de suas doutrinas e com os espiritualismos confortantes. A causa ecológica é um grande ímã que, por sua urgência, arranca os grupos políticos e religiosos de suas particularidades autorreferenciadas e desencadeia, nos mesmos processos, releituras que permitam articular o local com o universal.

O Papa Francisco tira as consequências práticas e radicais da virada metodológica do Vaticano II que colocou a Igreja em atitude de discernimento permanente da realidade. Vale lembrar que a constituição *Gaudium et Spes* concluiu suas orientações reconhecendo o caráter genérico de seus ensinamentos e dizendo que a doutrina tradicional da Igreja relacionada às coisas em permanente evolução deverá "ser prosseguida e ampliada" na era pós-conciliar (91). A *Laudato Si'* significa a concretização desse processo de leitura da realidade a partir da fé e da fé a partir da realidade, atingindo o nível mais amplo, a casa comum, o desafio mais urgente, a sustentabilidade do sistema vivo, e a composição mais plural, as múltiplas visões envolvidas na busca de uma ética mundial. A doutrina da Igreja segue sua marcha histórica ampliando suas reflexões a partir das urgências apresentadas pelo mundo globalizado, tecnocrático e consumista e pela urgência de construção de uma cultura ecológica.

2
DO FIM DO MUNDO PARA O BISPADO DE ROMA

Para o Evangelho, o fim do mundo é o lugar natural do cristão. Todo lugar é, de certo modo, o fim do mundo, como também o seu centro. A Boa-Nova chega aonde o Espírito já chegou e lançou suas sementes. A comunidade cristã tem sua pátria em qualquer lugar do planeta, sem vínculos com uma raça, com uma cultura ou com a geografia específica. Nesse sentido, vir do fim do mundo para ser bispo de Roma não constitui nenhuma novidade; ao contrário, o bispo de Buenos Aires e de qualquer outro lugar é bispo da Igreja de Jesus Cristo e vindo a Roma torna-se, segundo a fé católica, o sinal da unidade de toda a Igreja e o chefe do colégio de bispos espalhados pelo mundo.

No entanto, vir do fim do mundo tem um significado político importante. Significa trazer para o centro a vivência e a prática da periferia, que é necessariamente diferente da visão e da prática do centro. Ninguém duvida que o papa e a Cúria Romana se tornaram, de fato, o centro da Igreja Católica, ainda que se possa questionar teologicamente a ideia de um governo central na Igreja, à maneira de um poder central que se sobrepõe aos poderes locais. Vir do fim do mundo é trazer para o centro aquilo que nem sempre é enxergado pelo centro como problema ou como solução para as questões fundamentais da vida da Igreja. Além do mais, a América Latina foi um laboratório fecundo de recepção do Concílio Vaticano II. Nesse continente o concílio produziu frutos robustos em termos de práticas e de reflexão sobre a Igreja e o mundo. As Igrejas latino-americanas vivenciaram de modo autêntico o sentido da eclesialidade local, seja nas pequenas comunidades, seja nos colégios episcopais locais; vivenciaram de modo intenso a inserção da Igreja na vida do povo, tanto nas lutas por justiça como no diálogo com as culturas locais. Pode-se dizer que se consolidou uma tradição local assumida por um Magistério local e pelo Magistério papal e que se construiu um modo de ser Igreja que pode oferecer à Igreja universal seus contributos. É esse fim de mundo que chega ao bispado de Roma pelas mãos do Cardeal Bergoglio e que se vai tornando não somente prática em seu ministério, mas também palavra oficial: Magistério papal. O fim do mundo se torna fonte de referência para as reformas empreendidas por Francisco.

Da periferia para o centro

Como já foi analisado anteriormente, pode-se dizer que Francisco foi feito papa com a missão de reformar a Igreja em crise. Nesse sentido, sua tarefa não decorre de uma mera vontade pessoal, mas é inerente à sua tarefa naquele momento instituída. Talvez os cardeais eleitores não soubessem o alcance político e eclesial dessa investidura. Eles haviam, com efeito, entronizado na direção da Igreja um personagem carismático com livre acesso para exercer seu carisma renovador, agora na condição de pontífice. Aquilo que o Cardeal Bergoglio eventualmente não pôde fazer agora pode o papa. O carisma renovador está legitimado a entrar em ação por dentro e de cima do poder papal. E quando o carisma penetra legitimamente na instituição, certamente fecunda de algum modo a sua transformação, se não sua revolução. Foi assim com outros papas, casos de Gregório VII e de João XXIII com suas respectivas reformas. Com Francisco, no entanto, a missão de reformar a Igreja impregna sua missão e, de imediato, a sua própria pessoa. Surge um novo papa que rompe com naturalidade os padrões institucionais desde a sua primeira aparição. O novo se sobrepõe ao velho em cada gesto e palavra. Não se trata de um papa convencional.

No entanto, esse carisma (dom-missão) renovador vai se revelando como fundamento de sua ação e sua própria personalidade. É mais que um papel político, que para ser renovador precisa romper corajosamente com os padrões que deveriam precisamente ser renovados, o que muitas vezes caracteriza o populismo dos governos civis. A Igreja e o mundo estavam diante de um personagem de raro calibre carismático. Francisco constitui uma síntese rara de traços pessoais (filho de imigrantes, latino-americano, argentino, família pobre), de formação intelectual e espiritual (espiritualidade jesuíta, formação em humanidades, teologia alemã renovada, teologia latino-americana), de experiência eclesial (recepção do Vaticano II na realidade de pobreza latino-americana sob o signo da libertação), vivência ministerial (como padre e bispo inserido no mundo dos pobres) e investidura papal (missão de reformador).

Francisco assume o ministério papal apresentando-se como aquele que veio do "fim do mundo" para ser "bispo de Roma". Essas expressões estavam carregadas de significado, embora no instante eufórico em que foram pronunciadas não tenham revelado seu teor mais profundo e seu potencial efetivamente renovador. Vir do fim do mundo é concretamente (política e eclesialmente) vir de fora da crise instalada no governo central da Igreja, de fora do centro de comando abalado e da máquina burocrática central. O significado político dessa expressão que soara quase como poesia perante o mundo atento nas telas aponta, de fato, para o dado mais básico de um personagem renovador: não ser um membro da instituição a ser reformada. Os membros institucionais existem por natureza e função para preservar as respectivas instituições e, por conseguinte, para defendê-las em sua integridade moral, estrutural e funcional. Somente os que vêm do fim do mundo ou a ele vão conseguem ver o conjunto sem interesses continuístas e sem defensivas institucionais. Os heróis cumprem seu ciclo na medida em que são capazes de ultrapassar os limites de seu território endógeno, de ir ao fim do mundo e de lá retornar com suas energias renovadoras, explica Joseph Campbell (cf. 1997, p. 57ss). Os profetas cumprem esse ciclo. Jonas foge para o deserto e de lá retorna profeta. Buda sai do palácio, encontra-se com as contingências da vida e volta transformado em sua personalidade. Moisés foge para o deserto e lá encontra o Deus libertador do povo. Jesus de Nazaré vai para o deserto antes de iniciar sua missão. Outros profetas vêm do fim do mundo, da periferia distante do poder. Jesus e seus discípulos saíram da Galileia, terra distante do centro político e religioso, Jerusalém. Da Galileia não podia vir coisa boa, pensavam aqueles que viviam dentro ou nas sombras dos poderes da capital Jerusalém (cf. Jo 1,46).

A posição periférica possibilita olhar com objetividade para o centro, trazer com realismo para dentro do centro de funcionamento e de decisão da instituição os efeitos reais de sua atuação, permite perceber as contradições e ousar modificar a instituição em nome de um significado maior e mais profundo de sua existência. Os homens de dentro e do centro da instituição costumam não enxergar as contradições ali existentes e, por conseguinte, desejar sua transformação; eles são, por função, condutores e preservadores da máquina organizacional, são defensores, jamais críticos, conservadores, jamais reformadores.

Ser do fim do mundo é, portanto, uma condição básica do papa reformador. É da Igreja da periferia, marcada pelo sofrimento secular da colonização e da exploração econômica gestadas no hemisfério norte, encarnada nas condições reais dos povos do continente latino-americano, corajosa em sua luta pela justiça e atrevida em sua criatividade, que saiu Francisco. A posição política de Bergoglio lhe oferece as bases concretas de sua hermenêutica geral da realidade e, de modo particular, de sua hermenêutica da Igreja. A periferia chegou ao centro e pode, agora, refazer suas estruturas e seus modos de funcionamento, sem qualquer interesse corporativo.

Do fim do mundo para ser "bispo de Roma". Essa expressão denota uma nova compreensão e uma nova prática do papado. Embora seja uma das definições oficiais do ministério papal, conforme atesta o próprio Direito Canônico (Cânone 331), ela vem sendo assumida como a definição central, aquela que designa primordialmente o ministério petrino. O papado ainda carrega a maximização desse ministério segundo a mentalidade e a prática que se tornaram cada vez mais comuns desde o Concílio Vaticano I. Até o Vaticano II prevalecia uma gestão "papocêntrica" da Igreja. O papa era visto como um bispo universal da Igreja, em função do qual e para o qual os bispos do mundo exerciam suas funções. As dioceses eram, por sua vez, uma espécie de base local da Igreja universal com sede física e espiritual em Roma, sendo a Cúria Romana um governo burocrático central.

O ministério específico do "bispo de Roma" remonta às bases mais arcaicas do papado e ao seu significado primordial como sinal da unidade das diversas Igrejas espalhadas pelo mundo. Em nome de Pedro, o bispo de Roma foi sendo considerado referência para os demais em suas Igrejas particulares. Nesse sentido, o papado se funda no *carisma petrino*, segundo as narrativas dos Evangelhos. A Pedro foi designada a função de dirigir a Igreja e confirmar os irmãos na fé: Pedro aparece exercendo essa função nos Evangelhos sinóticos (Mt 16,18-19; Lc 22,32), em João (21,15-17) e nos Atos dos Apóstolos (2,14-36). O papado é uma institucionalização desse carisma e, em nome dele, foi sendo configurado entre todas as controvérsias com o Oriente e, de modo frontal, com a Reforma Protestante. A história das controvérsias é longa e complexa, impossível de ser abordada neste pequeno texto. O fato é que, em nome de um carisma original, o papado se fez e adquiriu formas variadas no decorrer da história. A primazia do bispo de Roma é antiga e era exercida em conjunto com outros primazes já nos primeiros séculos. A ligação do bispo de Roma com Pedro é igualmente antiga, e o fundamento primeiro do papado vem dela. Vale lembrar que a noção de bispo já está inscrita nas construções históricas posteriores aos tempos apostólicos. Aplicá-la a Pedro é, evidentemente, um anacronismo. Mas desde muito cedo o bispo de Roma não somente exercia sua primazia no Ocidente, como também esteve associado à cátedra de Pedro e à função primacial em relação às demais Igrejas quando solicitada por alguma razão eclesial da época (cf. CONGAR, 1997, p. 11-32).

O Vaticano II colocou o papado em novas bases eclesiológicas. A teologia da colegialidade visou traduzir em um *modus operandi* coerente a eclesiologia de comunhão e a noção de Povo de Deus que designou, desde então, o conjunto da Igreja. A colegialidade insere a função do papa no conjunto dos bispos e em comunhão com eles no serviço comum do Povo de Deus. O bispo de Roma é um primeiro entre os iguais (na expressão clássica, o *primus inter pares*) e não um superior diferente dos demais por natureza ou função. Entre os bispos, aquele que ocupa a cadeira de Pedro é o chefe do colégio apostólico e como tal conduz pelo testemunho e como sinal de unidade o conjunto dos apóstolos com suas Igrejas locais. O tema da colegialidade foi dos mais espinhosos do concílio. Ele mexia com uma tradição fortemente consolidada, ameaçava interesses dos membros da Cúria Romana (então órgão de governo universal) e trazia à tona o velho fantasma do conciliarismo. Estava em jogo o confronto de dois modelos de exercício do papado e, no fundo, o confronto de dois modelos eclesiológicos.

O primeiro modelo trazia no seu topo o papa, desde o qual se definiam todos os rumos da Igreja, sendo os bispos uma espécie de coadjutores do bispo universal. Aliás, esse modelo entendia ser desnecessário o próprio concílio, tendo em vista a centralidade eclesial absoluta do governo papal e que trazia no seu núcleo a própria infalibilidade papal. Uma concepção maximizada da centralidade do papa na Igreja. O segundo modelo, gestado nas décadas anteriores ao Concílio Vaticano II e com raízes bíblicas e na tradição antiga, entendia o papado como uma função exercida na colegialidade episcopal: não há papa sem os demais bispos, e é somente nessa comunhão que o papado é exercido, e somente assim se pode falar de primado do bispo de Roma (cf. LEGRAND, 2013).

Esses dois modos de pensar o papado se confrontaram nas sessões conciliares e tiveram de produzir uma orientação conciliada que fosse capaz de preservar a teologia do papado em sua essência, conforme havia formulado o Concílio anterior, e resgatar a colegialidade episcopal como constitutiva da herança apostólica e do governo da Igreja universal. A teologia da colegialidade ganhou evidência e foi formulada como princípio fundamental que possibilitou a colocação do primado petrino do bispo de Roma e da autoridade apostólica de todos os bispos como práticas complementares de um único corpo eclesial. As dimensões universal e local da Igreja, a unidade e a diversidade se completam, então, de modo circular, no exercício concreto de um consenso de fé e, em termos práticos, em modos de organização dos governos eclesiais.

Não há como negar que esses modelos permaneceram em luta desigual nos tempos pós-conciliares, uma vez que em sua concepção e, sobretudo, em suas regras e práticas o papado permaneceu basicamente como estava antes. Embora uma teologia da colegialidade tenha ocupado um lugar legítimo no âmbito do Magistério e das reflexões eclesiológicas, na prática a Cúria Romana permaneceu com sua função de governo geral da Igreja, e o papa, muitas vezes, como um bispo universal da Igreja Católica. A crescente centralização do governo geral da Igreja, em detrimento dos governos locais, atingiu as práticas e as reflexões que emergiram nas diversas realidades locais, precisamente como frutos das orientações conciliares. O bispo de Roma ficou soterrado sob o poder simbólico e real central do Sumo Pontífice.

O Papa Francisco não somente assumiu posturas na direção da colegialidade, como se verá mais adiante, como também expôs sua posição em relação à questão, quando falou de uma necessária descentralização do papado. A premissa fundamental é que a Igreja missionária está sempre *em saída* para o mundo e deve repensar a si mesma por fidelidade ao Evangelho. E para colocar-se em diálogo com os que estão fora e para servir aos mais necessitados, a Igreja precisa se renovar em sua totalidade. Diz o papa: "Sonho com uma opção missionária capaz de transformar tudo, para que os costumes, os estilos, os horários, a linguagem e toda a estrutura eclesial se tornem um canal proporcionado mais à evangelização do mundo atual que à autopreservação" (EG 27). Após nominar a paróquia, as comunidades e movimentos, as dioceses e os bispos como instâncias a serem renovadas, inclui o próprio papado:

> Dado que sou chamado a viver aquilo que peço aos outros, devo pensar também numa conversão do papado. Compete-me, como bispo de Roma, permanecer aberto às sugestões tendentes a um exercício de meu ministério que se torne mais fiel ao significado que Jesus Cristo pretendeu dar-lhe e às necessidades atuais da evangelização. (EG 32)

Em sintonia direta com João Paulo II, reconhece a necessidade de o papado abrir-se às situações novas (cf. *Ut Unum Sint*). Relembra que o Vaticano II havia vislumbrado novas formas de exercício da colegialidade, tendo como inspiração os patriarcados orientais (cf. *Lumen Gentium* 23) e como meio concreto de realização as conferências episcopais. Reconhece, contudo, que esse desejo não se realizou e que seria de fato saudável uma autonomia das conferências, incluindo nessas uma autêntica autoridade doutrinal. E conclui dizendo que "uma centralização excessiva, em vez de ajudar, atrapalha a vida da Igreja" (EG 32).

O princípio da colegialidade está incluído nas pautas de reforma de Francisco como um desafio a ser concretizado na organização e no funcionamento da Igreja como um todo. O fim do mundo e o centro do mundo eclesial não constituiriam polos antagônicos, mas pontos distintos de governo do mesmo conjunto que, na verdade, tem seu centro único em Jesus Cristo e que opera como legítimo centro em cada Igreja particular e em cada episcopado.

As teologias do mundo e da Igreja em fecundação mútua

A teologia de Francisco tem suas fontes explícitas no Vaticano II, de modo particular no Vaticano II recepcionado e amadurecido na América Latina. Em suas referências ao texto conciliar não se perde em discussões hermenêuticas, mas acolhe as orientações conciliares como um marco renovador da Igreja. A eclesiologia da *Lumen Gentium* – Povo de Deus, comunhão e mistério – é adotada como ponto de partida e como tessitura da reflexão da *Evangelii Gaudium* (cf. 17). O texto da exortação expressa não somente essa eclesiologia literal do Concílio, mas a sua compreensão e vivência em nosso continente. O Povo de Deus possui uma concreticidade; é sempre uma realidade social e cultural localizada (cf. EG 11-118). Trata-se do Povo de Deus concreto com sua cultura, trata-se dos pobres, e não de uma universalidade abstrata, como muitas vezes foi entendido por alguns intérpretes do concílio.

Desde suas experiências na América Latina, Francisco participa de uma eclesiologia compreendida em sua concreticidade local, quando a Igreja se faz na história e se encontra com o mundo concreto marcado por contradições. O método de reflexão teológica e pastoral desenvolvido nesse continente propiciou uma ancoragem da Igreja no mundo, de forma que já não foi possível separar a leitura teológica do mundo (da história, da sociedade, da cultura, da política) da leitura da Igreja (o Povo de Deus encarnado concretamente nessa realidade e com seus múltiplos rostos). A Igreja é uma porção concreta do mundo e nele se faz sinal e fermento do Reino de Deus: ela é o sacramento do Reino no mundo, o Povo de Deus que caminha na história com seus múltiplos dramas, são os sujeitos que vão lutando por justiça em nome de Jesus Cristo, são os sujeitos que trazem para dentro da Igreja seus clamores, sobretudo os clamores dos que têm fome, são as comunidades que se organizam em seus serviços diversos por meio dos batizados, homens e mulheres.

O mundo dos pobres e a Igreja dos pobres constituem uma mesma realidade que tem suas referências únicas no seguimento de Jesus, pobre e libertador dos pobres. O mundo das culturas diversas e a Igreja do diálogo não são também realidades opostas, mas realidades que buscam por meio do diálogo pontos de convergência. A Igreja faz o discernimento do mundo lendo nele os sinais dos tempos. O mundo é o lugar em que Deus fala e clama na carne sofrida dos pobres e dos sofredores; o lugar das buscas humanas por melhores condições de vida. A leitura dos sinais dos tempos é discernimento das coisas boas e ruins e busca de novas formas de vida capazes de construir o Reino e, portanto, a *casa comum* de toda a criação.

a) Um paralelismo eclesiológico

Aqui vale uma observação sobre o processo conciliar. A doutrina da Igreja oferecida pelo Vaticano II exposta na constituição *Lumen Gentium* constituiu o ponto de partida e a base para as definições posteriores que envolveram a temática eclesiológica, ao menos aquelas definições presentes nos documentos produzidos e promulgados depois dessa constituição ou, ainda, quando o esquema *De ecclesia* alcançava maturidade em suas reflexões fazendo configurar uma eclesiologia relativamente clara. E, após o concílio, a constituição dita evidentemente os rumos da reflexão eclesiológica.

Nesse ponto vale ressaltar um limite inerente à reflexão eclesiológica conciliar, na medida em que as definições sobre a Igreja foram feitas antes das reflexões sobre o mundo moderno. Em termos cronológicos, não dá para exigir uma circularidade capaz de intercambiar o antes e o depois, a teologia da Igreja e a teologia do mundo, uma vez que a eclesiologia já estava definida e posta como doutrina já oficial sobre a Igreja quando foi promulgada a constituição *Gaudium et Spes*. Restava, de fato, aos demais documentos conciliares inferirem da eclesiologia as consequências para a ação ecumênica, missionária, a ação no mundo etc. Essa factualidade temporal produz consequências de natureza teológica durante o evento conciliar e depois dele. Em termos lógicos e metodológicos, parece, de fato, ser correto pensar em uma essência eclesiológica previamente definida, da qual se retiram as consequências para a ação pastoral da Igreja na história. Há uma definição que precede a ação. A teologia da Igreja gozava de uma precedência doutrinal em relação à teologia do mundo, da missão, do ecumenismo etc. É de uma eclesiologia previamente construída que se podia pensar toda a ação da Igreja. Nesse sentido metodológico – e somente nesse sentido – o concílio é, em certa medida, eclesiocêntrico, ou seja, produziu uma maneira eclesiológica de pensar toda a realidade. A partir de uma concepção de Igreja se pensou as suas múltiplas relações e suas ações.

No entanto, pode-se observar um curioso paradoxo dentro do próprio sistema de pensamento conciliar, uma vez que em seus documentos, de modo emblemático na constituição *Gaudium et Spes*, se pode verificar uma expressiva teologia do mundo. A teologia da Igreja se depara com uma teologia do mundo e caminha com ela na medida em que as reflexões avançam e os conflitos aparecem nos debates conciliares, sem operar uma síntese ou uma retroalimentação em seus conteúdos. Do ponto de vista doutrinal, a teologia da criação, do Reino de Deus e do próprio mistério salvífico de Deus forneceu um amparo maior e o encaixe necessário para essas duplicidades que se tornavam mais gritantes à medida que as questões do mundo moderno (da relação direta da Igreja com as ciências modernas e com o Estado, a temática das autonomias e da liberdade religiosa) entravam na pauta de discussões. Essas teologias mais amplas forneceram, evidentemente, um horizonte seguro para abrigar tanto a Igreja quanto o mundo dentro do plano maior de Deus que nossa inteligência não pode conhecer por completo e cujo destino final está na consumação do Reino de tudo com todos (cf. GS 39).

A teologia da Igreja formulada na constituição *Lumen Gentium* permanece, em boa medida, paralela à teologia do mundo e buscando os meios mais coerentes de articular com o mesmo mundo, sendo definida como sinal e instrumento de salvação e assumindo a postura de servidora e de colaboradora com os sujeitos inseridos na sociedade em suas mais diversas formas de atuação. O núcleo eclesiológico que permaneceu como referência mais fundamental do Concílio não recebeu toda a carga teológica da teologia do mundo presente na constituição *Gaudium et Spes* e, por conseguinte, de um conteúdo eclesiológico novo ali presente.

Na eclesiologia pós-conciliar, a Igreja sacramento foi quase sempre entendida como um dom a ser expandido sem necessitar sair na direção do mundo. Permaneceu como um luzeiro fixo dentro do mundo escuro, um instrumento que poderia mudar o mundo e, de preferência, trazê-lo para dentro de si mesma. Uma teologia essencialista recorrente que dispensa o processo real de identificação da Igreja com sua fonte e de acolhida do mundo operou, muitas vezes, como resguardo de uma Igreja estável e por demais preocupada com sua própria identidade, tendo diante de si um mundo carregado de problemas, sendo o maior deles o relativismo. A comunidade eclesial pensada a partir da comunhão reforçou essa eclesiologia da identidade em detrimento da eclesiologia Povo de Deus, que abria a Igreja para uma saída permanente em direção ao mundo.

Contudo, a *Gaudium et Spes* já apresenta um germe primordial de uma Igreja voltada para o mundo em seus primeiros tópicos. A teologia do mundo e um método de relacionamento da Igreja com o mundo permitiram novas percepções sobre a missão (e sobre a natureza) da Igreja. A eclesiologia formulada pela *Lumen Gentium* expressa a tomada de consciência da Igreja sobre si mesma (Capítulos I-II) para, em seguida, rever a função da hierarquia (Capítulo III), dos leigos (Capítulo IV) e dos religiosos (Capítulo VI). É a comunidade eclesial perante o espelho do Evangelho buscando sua identificação, tornando-se "sem rugas e sem manchas" para apresentar-se ao mundo em sua essência mais pura e coerente. A eclesiologia da *Gaudium et Spes* nasce do diálogo com o mundo (empatia, solidariedade, discernimento e serviço). A constituição ensina que a Igreja comunhão busca a comunhão dos seres humanos, cristãos ou não, na história; que o Povo de Deus faz o discernimento das realidades históricas em cada tempo e lugar; que os católicos devem dialogar com todos os homens na busca de condições de vida mais fraterna para todos; que a Igreja aprende com as ciências e até mesmo com seus inimigos; e que, dentro da mesma história, Igreja e sociedade se inserem no plano misterioso de Deus, que tudo conduz e que levará a criação a cabo no final dos tempos. Essa eclesiologia da empatia e da solidariedade, do discernimento e da ação, do serviço e da esperança encontrou seu eco mais forte nas Igrejas periféricas e aí avançou na prática e na teoria.

b) A circularidade entre a Igreja e o mundo

A *Igreja em saída* é uma teologia do processo, concretamente realizada na teologia da encarnação. Dentro da história real de carne e osso, a Igreja busca os meios de realizar sua missão e de ser sinal de salvação para os que a ela buscam e os que dela necessitam de maneira mais urgente. A Igreja é sacramento na medida em que sai de si e revela seu fundamento, e na medida em que se identifica com os que estão no mundo como vítimas que gritam por misericórdia. Não há garantias de ser sacramento se não houver essa saída. Os pobres e os sofredores são sacramentos escatológicos de salvação: critério de julgamentos de todos os seguidores de Jesus Cristo. Do mundo dos pobres vem a criteriologia fundamental da vivência do Evangelho e do reconhecimento de Deus. É das alteridades que vem a grande pergunta pela identidade cristã e pela superação das endogenias institucionais. A luta pela justiça constituiu o caminho irrecusável da comunidade eclesial no cumprimento de sua missão profética, de forma que a crítica de todas as estruturas geradoras de desigualdades e de redução da liberdade e o anúncio de uma sociedade justa e fraterna assumiram na América Latina aspectos concretos nos movimentos e organizações populares e nas decisões políticas dos cristãos. A Igreja definida na abertura da *Gaudium et Spes* se fez concretíssima na América Latina. As angústias e as esperanças, as dores e alegrias dos pobres se tornaram as angústias e as esperanças, as dores e as alegrias da Igreja. Pode-se dizer que o núcleo dogmático da eclesiologia contida na *Lumen Gentium* e a eclesiologia da *Gaudium et Spes* foram articulados na concepção e na prática em nosso continente.

A teologia de Francisco revela essa circularidade crítica e criativa entre a Igreja e o mundo e, ao mesmo tempo, a síntese eclesiológica daí proveniente: *comunhão-serviço, Povo de Deus-pobres, sinal-discernimento, mistério-solidariedade, testemunho-diálogo, hierarquia--laicato*. Não há dualismo nem oposição entre as duas grandezas teológicas. A Igreja autorreferenciada deve sair de si mesma na direção do mundo, sobretudo do mundo dos mais necessitados, mas também das periferias existenciais. O Cristo da Igreja é o Cristo presente no pobre. O Povo de Deus está inserido na história concreta e realiza a sua missão. A comunidade dos seguidores de Jesus Cristo deve se encarnar na vida do povo, sentir as dores do povo, sujar-se na realidade. O mundo, por sua vez, carrega o germe da salvação: é a criatura que geme por libertação (Rm 8,22). É também lugar de aprendizagem da Igreja, e para onde converge a graça do Reino com a sacramentalidade da Igreja.

A teologia da encarnação constitui o núcleo central do pensamento de Francisco e permite superar os dualismos clássicos entre a Igreja e o mundo, bem como os dualismos disfarçados que isolam a Igreja como porto seguro da salvação, como identidade distinta que acolhe em sua segurança e estabilidade os dispersos do mundo. O Verbo encarnado convoca a comunidade de seguidores a encarnar-se no mundo como caminho de concretização de sua missão. A Igreja desencarnada trai o mestre e pode se tornar uma entidade abstrata ou uma empresa burocrática. As espiritualidades alienadas podem consolar e satisfazer os indivíduos consumistas de emoções fortes, mas não são cristãs, não levam ao encontro com os outros. A *Igreja em saída* está em constante busca de perfeição, ou seja, de identificação com o seu Mestre. A identidade da comunidade eclesial não é uma construção de si mesma como realidade autocentrada, mas é uma identidade reflexa que se funda e se espelha em Jesus Cristo. Portanto, inserção eclesial e identidade eclesial não são posturas antagônicas, ao contrário, são dinamismos da mesma comunidade de discípulos de Jesus que leva adiante a sua missão encarnatória no mundo concreto, feito de bondade e de maldade. Assim como o Verbo de Deus manifesta sua identidade divino-humana no ato da encarnação, a comunidade eclesial constrói a si mesma encarnando-se nas realidades históricas concretas. Sem essa carnalidade a Igreja perde sua verdadeira identidade.

PARTE III

CAMINHOS E RESULTADOS DO DIÁLOGO

Caminho e diálogo são palavras que designam posturas quase sinônimas no âmbito da vida humana. A relação entre o *eu* e o *tu*, entre as diferentes identidades, entre a Igreja e o mundo, é um processo a ser construído que exige diálogo. O monólogo pode satisfazer os indivíduos isolados, as identidades fechadas e os donos da verdade, porém não tem ouvinte e não gera verdadeira construção de situações novas e de novas relações. O monólogo é imposição de uma verdade que pode ser repetida pelo receptor até mesmo de cor, mas não gera convicção e adesão, não produz autonomia e responsabilidade. Aquele que fala sem escutar o outro trai a vocação fundamental da espécie falante – o *Homo loquens* –, que inventou a palavra para comunicar-se, para construir relações que permitam viver em sociedade, para construir a si mesmo na interação com os semelhantes: *Homo socius*. A espécie aprende a falar à medida que escuta ainda nos primeiros tempos da existência. Entretanto, à medida que cresce, parece esquecer a escuta de tanto falar. As instituições são feitas de falas que dispensam a escuta por se tornarem falas oficiais a serem seguidas, muitas vezes sem ser apreendidas. As relações humanas exigem, contudo, escuta e abertura para a verdade do outro. Sem isso impera a dominação de um sobre o outro e gera o silêncio passivo que rouba a liberdade de expressão e impede a gestação (*cognoscere* = conceber, conhecer) da palavra em cada consciência.

Todo caminho construído entre os humanos é ponte que permite ir e vir às palavras distintas, diferentes e até mesmo opostas. O caminho do diálogo constrói um novo *logos*, uma nova palavra nascida da troca, da diferença que gera acordo e, em termos filosóficos, da oposição que chega à síntese. O caminho entre Deus e a humanidade revela o diálogo radical, quando a Palavra se encarna na palavra humana, fala por meio dela e se nega a falar de fora como teofania que impõe o divino sobre o humano. A encarnação da Palavra é convite à escuta e à adesão livre do ouvinte à comunicação de Deus. A Boa-Notícia de Jesus Cristo é sempre diálogo, jamais imposição, porque exige adesão do ouvinte da Palavra. Por essa razão, evangelização não pode ser imposição, mas anúncio que se encarna na realidade do outro, antes de tudo pela prática do amor. Francisco, falando aos católicos no V Congresso da Igreja italiana em Florença, dizia "que o melhor modo para dialogar não é falar e debater, mas fazer algo juntos, construir juntos, fazer projetos: não sozinhos, entre católicos, mas juntamente com todos os que têm boa vontade". O diálogo pode ocorrer em meio a conflitos que não devem ser evitados ou camuflados, mas transformados no "elo de um novo processo" (EG 227).

O diálogo foi a postura básica que orientou os trabalhos conciliares, do ponto de vista do processo de reflexão ali vivenciado, bem como no aspecto da empatia e do discernimento da cultura moderna. A Igreja passou de uma postura de quem detinha a verdade para a postura de quem tem algo a aprender com o mundo e até mesmo com seus opositores (cf. GS 44). A era inaugurada para a Igreja, desde então, é feita de diálogo permanente. Os métodos de reflexão teológica, os métodos pastorais de um modo geral e os métodos catequéticos foram construídos em suas diversidades sobre essa tônica, contando sempre com a mediação das ciências humanas.

O Papa Francisco assume uma postura dialógica em seus pronunciamentos pastorais e em seus documentos oficiais. O diálogo com as ciências, com as religiões e com os episcopados locais tem sido a maneira usual de fundamentar seus discursos. A Igreja se encontra em saída para os outros, em comunicação com as verdades distintas da sua. Sem isso, não há encarnação na realidade e a Igreja se fecha em si mesma.

O diálogo exige um modo próprio de exercer o ministério papal dentro e fora da Igreja, na relação com os pares e em relação aos outros. Em relação aos pares, Francisco assume a postura de exercício da colegialidade, na linha adotada pelo Vaticano II, porém tirando dela as consequências que foram evitadas nos desdobramentos pós-conciliares. Em relação aos outros, não somente suas posturas pastorais, mas também seus textos inauguram um método em certa medida novo, quando se deixa ver um leque maior de fontes citadas, para além daquelas fontes endógenas dos "predecessores". Os documentos em análise revelam essas posturas de diálogo para dentro e para fora da Igreja, seja no método utilizado, seja nas fontes que fornecem referências teóricas e doutrinais para as suas reflexões.

1
O MÉTODO: CAMINHO ENTRE A IGREJA E O MUNDO

A palavra *método* (do grego *meta* [= através de] mais *hodos* [= caminho]) significa caminho previamente conhecido para se chegar a algum ponto desejado; caminho conhecido é percurso planejado que permite, no caso do conhecimento, chegar a um resultado. O método adotado permite, em boa medida, supor o resultado, uma vez que previamente já indica o rumo a que pode chegar. O diálogo adotado como postura metodológica fundamental permite dizer que o resultado da investigação será mais amplo e complexo do que um método dedutivo que já parte de princípios previamente estabelecidos, permite dizer também que acolherá o novo que se apresenta como interrogação e como resposta e que, por essa razão, se torna possível chegar a novas sínteses – no jargão da pesquisa, conduz a novas descobertas.

A transitividade entre a Igreja e o mundo e vice-versa pedia métodos dialogais e indutivos desde o Vaticano II. As ciências humanas modernas já haviam desenvolvido metodologias indutivas para os seus estudos. As compreensões científicas modernas a respeito de ser humano – antropologia, sociologia, psicologia etc. – resultavam de investigações indutivas e haviam trazido à tona dimensões até então desconhecidas sobre o mesmo. Também os estudos bíblicos modernos haviam importado dessas ciências os métodos para decodificar os textos sagrados e chegavam a resultados até então não vislumbrados. A questão do método se torna, assim, relevante para todos os conhecimentos, tirando da lógica clássica seu lugar quase exclusivo na investigação e na demonstração.

Francisco está posicionado no desaguadouro de uma orientação metodológica institucionalizada pelo Vaticano II; orientação que foi sendo aplicada nas Igrejas da América Latina, em suas diversas instâncias, nas décadas que sucederam o grande evento. A Igreja empática e solidária pediu, sem dúvidas, um método capaz de contribuir com essa postura, dando a ela um caminho regrado de compreensão e de acesso à realidade concreta.

Da dedução à indução

As ciências modernas já haviam feito essa passagem da lógica clássica, que oferecia um caminho dedutivo para conhecer, para a indução de resultados a partir da observação. É bem verdade que o pai da lógica dedutiva, Aristóteles, foi também o pai do método indutivo, caminho que aplica em suas investigações empíricas ao tratar, por exemplo, da vida dos animais (cf. FERIGOLO, 2015). As ciências modernas possibilitaram à teologia uma completa renovação, na medida em que, não somente utilizando os seus resultados referentes à compreensão do ser humano no mundo, mas também de seus métodos, relia as fontes e os dogmas, reinterpretava muitos aspectos da moral e buscava meios pedagógicos de dialogar com os seus diferentes interlocutores. Ao longo de século XX, a teologia se renovou em várias direções em seus objetos (assumindo novos objetos de investigação), em suas abordagens (adotando perspectivas da filosofia moderna) e em seus métodos (utilizando estratégias indutivas). As correntes teológicas construídas no decorrer do século passado participavam do movimento geral pelo qual passava a filosofia (os questionamentos do sentido da vida e do ser humano depois das experiências catastróficas do nazismo), colocando a questão da fé e de Deus naquele contexto, perguntando sobre a função histórica da

Igreja, buscando os meios de colocar o Evangelho no horizonte da transformação histórica e trazendo para dentro da fé os direitos às diferenças (cf. GIBELLINI, 1998).

No epicentro do Vaticano II é possível traçar esses percursos de reflexão da fé e, a partir da fé, desde os primeiros movimentos de diálogo já no final do século XIX até as teologias pós-conciliares produzidas nos vários continentes. E não foi somente uma assimilação epistemológica dos métodos indutivos modernos que possibilitou esses avanços quantitativos e qualitativos mediante os vários modelos teológicos que foram sendo construídos. Do ponto de vista pastoral, no decorrer do mesmo século as militâncias sociais e políticas dos cristãos desenvolveram metodologias ativas e participativas que visavam produzir consciência dos mecanismos determinantes da realidade, sobretudo da realidade dos trabalhadores, e oferecer estratégias de ação nesses contextos específicos. O método ver-julgar-agir, em suas variadas versões, é um fruto desse processo histórico-eclesial. O olhar da Igreja sobre o ser humano foi sendo modificado nesse intercurso; tornou-se mais realista e empático. O concílio significou um momento ímpar de assimilação da postura dialogal perante o mundo moderno e, para tanto, de utilização de métodos novos que permitiam compreender a realidade concreta do ser humano e da sociedade naquele contexto em que a globalização dava os seus primeiros passos, as tecnociências exibiam seus domínios sobre a natureza macro e micro e as autonomias modernas já haviam ganhado boa parte do globo. Ainda que se deva perceber uma variedade de métodos utilizados na reflexão e na produção dos textos conciliares, há que observar que ali se deu uma institucionalização do diálogo como postura básica da Igreja, de onde decorre o uso indispensável de métodos que ajudem a entender as realidades particulares, tanto nos objetos naturais quanto nos humanos. A escolástica, com seus caminhos dedutivos, foi, desde então, apenas um caminho a ser adotado e não mais o único. Mesmo que ela tenha sobrevivido em muitas abordagens do passado (subjacente às definições dogmáticas, morais e à catequese) e do presente (utilizada por muitos documentos do Magistério e por poucos teólogos), perdeu sua força hermenêutica na interpretação do mundo e da própria Igreja.

A postura metodológica do Vaticano II expressa na categoria *sinais dos tempos* abriu, com efeito, um grande leque de possiblidades e desafios para a reflexão e a ação da Igreja na sua relação com as alteridades, como se pode observar nas passagens dos documentos conciliares: como exigência para descobrir os desígnios de Deus na história (GS 4, 11), como leitura da realidade a partir da fé (GS 4, 11, 44; PO 18), como missão da Igreja na compreensão, diálogo e serviço ao mundo (GS 4,11), como tarefa conjunta dos cristãos entre si (*Presbyterorum Ordinis* 9; *Dignitatis Humanae* 15), dos leigos com os presbíteros (PO 9) e dos cristãos com outros sujeitos (GS 11; DH 15), como sinal concreto expresso na solidariedade (*Apostolicam Actuositatem* 14) e na liberdade (DH 15), como conceito expresso na ação ecumênica entre os cristãos (UR 4), como diálogo com as várias linguagens e ciências na busca de aprofundamento da verdade revelada (GS 44) e como fruto da leitura da Bíblia e que produz a docilidade ao Espírito (PO 18).

É no âmbito dessa dinâmica de transitividade consciente da Igreja para fora de si mesma em busca de compreensão do outro que as diversas metodologias foram sendo criadas, ampliadas e aplicadas nas reflexões e práticas eclesiais na América Latina. O método ver-julgar-agir foi sendo desenvolvido de modo natural nessas Igrejas locais como uma ferramenta privilegiada de sua atuação dentro da realidade histórica marcada por contradições.

O método ver-julgar-agir

Vale lembrar que a leitura de fé da realidade foi feita pela Igreja no decorrer da história, mesmo quando ela não tinha consciência metodológica desse ato. A escolástica medieval leu à sua maneira o contexto de mudanças do século XIII utilizando-se dos instrumentais teóricos disponíveis na época, sobretudo os aristotélicos. Os papas Pio IX, Leão XIII e Pio X, bem como o Vaticano I, expuseram interpretações dos valores e práticas modernos de modo explícito, utilizando-se de conceitos escolásticos. Como já foi examinado anteriormente, o Vaticano II abriu um caminho metodológico com a categoria *sinais dos tempos*. Essa categoria teológica demarca a ruptura metodológica conciliar e lança a Igreja para um contato crítico e criativo em relação às configurações sociais e teóricas modernas. Os passos *ver-julgar-agir* foram um modo concreto de operacionalizar essa intuição metodológica conciliar durante e depois do concílio.

O método, na sua forma técnica, foi construído de três momentos no âmbito da Ação Católica Operária belga, tendo como autor o Padre J. Cardjin, nas décadas anteriores ao concílio. O padre dos operários retira as bases desse novo método da pedagogia dos antigos católicos sociais franceses que atuavam nos círculos operários na segunda metade do século XIX. Pretendia, de fato, construir uma metodologia "indutiva e ativa" que habilitasse os trabalhadores a compreender a realidade e nela atuar. O uso do método vai se expandir para os demais segmentos da chamada Ação Católica Especializada em todo o mundo e, na década de 1960, chegará ao Magistério da Igreja (cf. Brighenti, 2015). O Papa João XXIII já havia recomendado a utilização pastoral desse método na encíclica *Mater et Magistra* (1961) e, a seu modo, utilizado em suas reflexões na encíclica *Pacem in Terris* (1963). Em *Mater et Magistra*, fala precisamente das três fases que possibilitam passar das diretrizes para as práticas (235) e diz que "convém, hoje mais do que nunca, convidar com frequência os jovens a refletirem sobre esses três momentos" para que passem das ideias abstratas à prática (236). A constituição *Gaudium et Spes* vai utilizar o método durantes suas reflexões e na própria composição final do texto. Na verdade, não se trata de um uso puro e rigoroso. O texto revela a mistura metodológica da abordagem dedutiva (seguindo as teologias clássicas) e indutiva (elaborando análises precisas da realidade atual, buscando luz na fé e apresentando diretrizes de ação, sobretudo na Parte II). Os papas Paulo VI e João Paulo II também utilizaram o método em seus documentos sociais.

Mas foi na América Latina que esse método encontrou seu lugar mais fecundo, tanto do ponto de vista prático quanto do teórico. As conferências de Medellín, Puebla e Aparecida o utilizaram integralmente em seus três momentos para cada assunto trabalhado. As pastorais sociais, os círculos bíblicos e a catequese renovada fizeram experiências de utilização popular e criaram uma cultura que articulava de modo orgânico a fé e a vida, a reflexão e a ação. A teologia latino-americana, por sua vez, foi construída sobre esse método, na medida em que articulava os conteúdos da fé com a realidade e, por conseguinte, as mediações das ciências com as bíblicas e as pastorais. Além disso, construiu uma teoria do método teológico que veio incorporar elementos originais na grande tradição teológica (cf. BOFF, 1993).

O método de Francisco

Pode-se dizer que as posturas metodológicas fundamentais do Papa Francisco já são conhecidas. Podem, realmente, ser percebidas em suas homilias, em seus discursos e em outros documentos. Em suas considerações, a realidade vem sempre antes da doutrina, o ser humano, em sua concreticidade, é mais importante do que as normas morais, a vida tem primazia em relação às teorias, e o Evangelho goza de primazia em relação à tradição. O Evangelho e a vida formam dois pares inseparáveis para a fé cristã, como já foi verificado anteriormente. Essa postura assusta os tradicionalistas e os dogmáticos. No já referido encontro de Florença, Francisco afirmava: "A doutrina cristã não é um sistema fechado incapaz de gerar perguntas, dúvidas, interrogações, mas é viva, sabe inquietar, animar. Tem uma face não rígida, um corpo que se move e se desenvolve, tem a carne macia: a doutrina cristã chama-se Jesus Cristo".

A precedência da vida em relação a todas as demais formulações de fé e às ordenações institucionais tem fundamentos teológicos. Contudo, trata-se de um princípio de fé que pede método. A fé desde sempre pediu método para se expressar, conforme formulou Santo Anselmo no século XI: *fides quaerens intellectum*. Mas, também é verdade, o método constrói modos distintos de expressar a fé e permite, até mesmo, experimentar diferenciadamente a fé do ponto de vista da vivência prática. Nesse sentido, a vida pastoral do Bispo Bergoglio entre os pobres de Buenos Aires não constitui um dado neutro em relação às suas reflexões. Ao contrário, conduz sua visão e seu modo de pensar na condição atual de papa.

As opções metodológicas de Francisco são indissociáveis de sua história pessoal e de sua experiência eclesial na América Latina. E, como já foi dito, na tradição eclesial desse continente o método ver-julgar-agir encontrou campo fecundo de aplicação e desenvolvimento. De fato, não dá para separar a recepção do concílio no continente sem o uso generalizado desse método em todas as instâncias eclesiais e por seus mais variados sujeitos.

Por conseguinte, não por acaso nem por capricho metodológico a exortação *Evangelii Gaudium* e a encíclica *Laudato Si'* estão estruturadas a partir dos passos ver-julgar-agir. Se esse exercício metodológico está interiorizado na alma eclesial do papa como parte de sua história, é utilizado, entretanto, de modo próprio e criativo em seus dois documentos. Como se pode verificar, ele se vale dos três passos clássicos sabendo o que quer com cada um e acrescentando em cada um deles sua visão pessoal. Como se verá, trata-se de um uso consciente que vai além da repetição de um costume ou de um domínio metodológico regular.

Os objetos distintos dos dois documentos em foco, a Igreja e a terra, determinam certas peculiaridades no momento de utilização daquela trilogia. Com efeito, é previsível que uma encíclica social faça uso mais intenso do método na medida em que pretende oferecer elementos compreensivos sobre a realidade dos fatos presentes. No entanto, no caso da *Evangelii Gaudium*, a análise da realidade eclesial produz efeitos agudos quando submete de modo direto, sob olhar crítico, os comportamentos eclesiais. Ambos os documentos primam pela clareza didática da exposição, o que pode ser verificado em suas respectivas introduções. Essas captam com maestria a benevolência do leitor, conforme a regra clássica. A *Evangelii Gaudium* assim o faz com seu tom exortativo que oferece como dom ao leitor a "alegria do Evangelho", mas também com a apresentação honesta do lugar teórico de onde fala (a *Lumen Gentium*) e das questões centrais que serão apresentadas (17). A *Laudato Si'* convoca São Francisco com seu canto para começar o assunto. Em seguida, faz um rápido "estado da arte" sobre a presença da temática ecológica em alguns documentos do Magistério papal anterior. Esse recurso clássico das monografias científicas tem, contudo, um significado de ancoragem na tradição. O recado pode ser: o papa reformador não está sozinho nas abordagens que virão a seguir. Mas, ainda na Introdução, além dos predecessores convidados, explicita que as reflexões contaram com contribuições diversas de "cientistas, filósofos, teólogos e organizações sociais" (7). Após, adota uma postura inédita ao pedir a contribuição de um Patriarca ortodoxo, Bartolomeu I de Constantinopla. O recado do diálogo ecumênico indispensável na reflexão ecológica fica dado já no início. No número 16, faz uma apresentação dos eixos centrais da reflexão. Esse tópico didático prepara o leitor para enfrentar o percurso da reflexão sem se perder na complexidade do assunto em cada um dos capítulos que compõem a encíclica.

a) A estrutura e o método dos dois documentos

É possível observar elementos comuns na aplicação do método ver-julgar-agir nos dois documentos. Em ambos se adota a sequência usual da trilogia que parte da realidade, passa pelo marco doutrinal e termina na ação. Também em ambos essa trilogia está ambientada em uma dinâmica maior que inclui, no caso da *Evangelii Gaudium*, um primeiro passo que se poderia denominar "pressupostos eclesiais", ou "motivação de fundo", da reflexão que compõe o Capítulo I, "A transformação missionária da Igreja". A programática de renovação urgente da Igreja fica exposta de modo claro nesse primeiro capítulo, que abre caminho para as três fases seguintes. Em ambos os casos, o capítulo final colocado depois das diretrizes de ação (*Agir*) apresenta um momento de espiritualidade que poderia ser visto como um avanço ou aprofundamento do *Agir*, ou, como querem alguns, como o momento do *Celebrar*, quarto passo acrescentado aos três e que tem sido utilizado nas Igrejas da América Latina. Realmente, os passos do método compõem diretamente a estrutura dos documentos, de forma que o resultado final mostra um conjunto indissociável, um percurso lógico que vai produzindo o próprio conteúdo que se quer apresentar. O leitor prevenido de outras leituras da mesma natureza conhece o percurso e pode, até mesmo, prever o que vem em seguida.

A exortação "Evangelii Gaudium". Em suma, a estrutura geral da exortação é composta de uma moldura que abriga em seu interior os momentos *ver-julgar-agir*. Essa moldura situa esse método relacionado diretamente à inserção social da Igreja em um conjunto maior de natureza teológica. A ferramenta metodológica é utilizada em um lugar eclesiológico (Capítulo I) e com uma finalidade espiritual (Capítulo V). Pode-se dizer, em termos analógicos, que essa operação faz com os três passos do método o que a teologia medieval já fez com a filosofia em relação à teologia: o método é assumido como uma espécie de *servus fidei*. Mas, tanto quanto na teologia medieval, não se trata de uma assunção que desqualifica a razão analítica. Ao contrário, aponta para a dinâmica própria da expressão racional da fé que, agora no contexto histórico moderno, continuou buscando sua intelecção de modo inserido na realidade. O exercício metodológico permite à fé a sua articulação consciente, coerente e eficaz com os diversos contextos.

A encíclica "Laudato Si'". Também essa encíclica enquadra os três passos clássicos em uma moldura própria, porém produzindo um roteiro analítico mais detalhado. Parte diretamente da análise de realidade, construindo um quadro bastante concreto da realidade ecológica com a mediação das ciências, sem, contudo, fechar com uma teoria específica. O momento do *Julgar* é particularmente interessante. A ele são dedicados três capítulos com diferentes enfoques. O Capítulo II é de natureza teológica: busca nas referências bíblicas o Evangelho da criação. O Capítulo III recorre às análises das ciências humanas (filosofia, história e sociologia) na busca das raízes do problema ecológico. O Capítulo IV apresenta o conceito básico que recorta a realidade como parâmetro central e indicação da postura básica: o conceito de ecologia integral. Após expor as pistas de ação no Capítulo V, o Capítulo VI, de caráter simbólico-afetivo, trata da espiritualidade e da educação ecológica. O jesuíta e o pastor aparecem nos capítulos finais conduzindo o leitor para dentro de si mesmo e ao mesmo tempo para dentro do mistério maior que envolve a vida humana, as ações humanas, a história e o universo.

b) Algumas justificativas do método

O método *ver-julgar-agir* já está justificado pelo Magistério da Igreja. Como já foi dito, João XXIII foi quem primeiro o fez na encíclica *Mater et Magistra*. O Vaticano II não somente utiliza o método na *Gaudium et Spes* como o indica para a formação dos leigos no decreto *Apostolicam Actuositatem*. Aí o método é sugerido como meio de o laicato superar a pura teoria e inserir-se no serviço ativo da Igreja (cf. 29). A Conferência de Medellín não somente utilizou o método na elaboração de suas reflexões como enunciou seu significado teológico ao afirmar que a "Igreja procurou compreender este momento histórico do homem latino-americano à luz da Palavra de Deus, que é Cristo, em que se manifesta o mistério do homem" (Introdução, 1). A V Conferência de Aparecida retoma o método, afirmando sua importância na tradição das conferências latino-americanas e dando-lhe um significado teológico, como se pode verificar na introdução à primeira parte do documento final (cf. 19).

Na *Evangelii Gaudium*, o Papa Francisco faz referência ao método utilizado nos números introdutórios dos Capítulos II (50-51), III (110) e IV (176). Com efeito, no início do Capítulo II explicita o significado do primeiro passo: o *ver*. Antes de falar da ação, convém "recordar o contexto em que temos de viver e agir" (50). E explica o significado eclesial da análise da realidade, não como um diagnóstico asséptico, mas como discernimento evangélico que permita ao cristão se posicionar perante as ambiguidades do mundo atual que desencadeiam processos de desumanização. A ideia do discernimento está presente nas posições de crítica e de diálogo em relação ao mundo no decorrer de todo o documento. O *ver* a realidade a partir do Evangelho já significa posicionamento imediato do cristão (dizer sim! ou não!) e, por conseguinte, ação concreta na direção do Reino de Deus (51).

A *Laudato Si'* faz uso mais preciso e técnico da trilogia *ver-julgar-agir*. A cada passo do método o papa faz uma justificativa breve sobre o momento: *ver* (17), *julgar* (62, 101 e 137) e *agir* (163 e 202). Com efeito, dois exemplos dessas passagens valem ser explicitados. Ao iniciar a análise da realidade, Francisco justifica esse momento metodológico, mas ao que parece dentro de um princípio mais geral a que deve submeter toda reflexão. "As reflexões teológicas ou filosóficas sobre a situação da humanidade e do mundo podem soar como uma mensagem repetida e vazia, se não forem apresentadas novamente a partir de um confronto com o contexto atual no que este tem de inédito para a história da humanidade." E completa dizendo que, antes de buscar as motivações e exigências da fé, se propõe "a considerar o que está acontecendo com nossa casa comum" (17). E justifica também, ainda que não fosse necessário, o recurso aos conteúdos da fé cristã para julgar a realidade. Delicadamente pede licença aos não crentes, aos homens de boa vontade, para fazer a incursão teológica e insere a abordagem no âmbito das possíveis contribuições de outras religiões e de outros conhecimentos não científicos para pensar o valor da vida comum do planeta.

c) Os resultados

A relação explícita entre fé e a realidade constitui o centro do método ver-julgar-agir, de onde se pensa a Igreja e o mundo como grandezas mutuamente implicadas e de onde são retirados os desafios para a renovação da Igreja e a transformação do mundo, a partir do Reino de Deus. A fé se abre à realidade como o lugar onde Deus fala pela via negativa – na dor e no sofrimento dos pobres – e pela via positiva: com seus sinais a serem percebidos e discernidos. A fé é sempre o pressuposto de onde se lê a realidade, a partir de onde se insere nela e com a qual se transcende a própria realidade na direção do Deus que chama a todos para a comunhão consigo. A realidade é, por sua vez, um lugar e um tempo que desafia a fé a ser interpretada e vivenciada de modo concreto, como caminho único de seguimento de Jesus Cristo e de realização da missão da Igreja. "Os desafios existem para ser superados. Sejamos realistas, mas sem perder a alegria, a audácia e a dedicação cheia de esperança" (EG 109).

A visão da *casa comum* traz novas interrogações para a fé. Resgata o sentido da criação contido na tradição judaico-cristã e se abre, ao mesmo tempo, para o diálogo com outras religiões e com outras sabedorias. Mas coloca a Igreja em diálogo com os homens de boa vontade e com as ciências que oferecem suas contribuições para pensar o sistema terra e, com mais urgência, construir saídas.

A comunidade eclesial deve estar a serviço da humanidade, de modo especial daqueles que mais necessitam de sua solidariedade efetiva, sem discursos e sem subterfúgios. "Com obras e gestos, a comunidade missionária entra na vida diária dos outros, encurta as distâncias, abaixa-se – se for necessário – até a humilhação e assume a vida humana, tocando a carne sofredora de Cristo no povo" (EG 24).

A espiritualidade sustenta toda a ação evangelizadora do Povo de Deus. É o Espírito que impulsiona o cristão à ação na Igreja numa ação completa que inclui simultaneamente mudança pessoal e mudança social. "Evangelizadores com espírito" quer dizer evangelizadores que rezam e trabalham. Do ponto de vista da evangelização, não servem as propostas místicas desprovidas de um vigoroso compromisso social e missionário nem os discursos sociais e pastorais sem uma espiritualidade que transforme o coração (EG 262). A conversão ecológica tem como horizonte último uma mudança profunda no ser humano; antes de tudo, é "a humanidade que precisa mudar" (LS 202). E a espiritualidade cristã pode oferecer uma outra visão de qualidade de vida capaz de gerar sentido sem estar obcecado pelo consumo (LS 222). Portanto, o resultado do método é a adesão a um modo de vida referenciado pelo Evangelho. Em termos concretos, significa hoje viver no mundo tecnoeconômico e consumista sem reproduzi-lo nos comportamentos e nas convicções; consumir seus bens sem ser consumista.

Do ponto de vista da articulação metodológica, os textos do papa transmitem lições que podem ser observadas em algumas *distinções*, em algumas *circularidades* e em *aplicações* concretas dos valores do Evangelho.

Distinções: a) Há antes de tudo uma distinção entre a doutrina (retirada da afirmação da substância que vem do Evangelho) e a sua formulação (elaborada em cada contexto com distintas linguagens), do que decorre: b) A distinção entre a tradição e o carisma cristão, sendo esse o critério de discernimento daquela e não o contrário. A tradição deve se renovar à medida que escuta as fontes cristãs e a realidade presente; c) A distinção entre a doutrina e a teologia, sendo que a teologia tem o papel crítico e criativo de contribuir com a busca da melhor forma de expressar a doutrina em cada tempo e lugar, de onde se atribui uma missão crítica específica para os teólogos dentro da tarefa evangelizadora da Igreja; d) A distinção entre contexto histórico e verdade do Evangelho, de forma que, inserida em cada contexto, a mensagem do Evangelho possa ser interpretada e *re*interpretada permanentemente; e) A distinção entre a formulação teórica e a aplicação prática. A teoria deve estar, portanto, em função do prático, nos termos da compreensão e da vivência do Povo de Deus.

Circularidades: a) O diálogo direto com as ciências, sendo utilizadas como ferramentas necessárias para compreender a realidade; b) O diálogo com a realidade atual exercido de modo crítico e criativo, sem precauções políticas; c) O diálogo com as tradições religiosas como princípio e caminho de ações conjuntas em prol da vida planetária; d) O diálogo das dimensões individual e coletiva; e) O diálogo da fé com a política local e internacional na busca de melhores condições de vida para o planeta; f) O diálogo entre as dimensões histórica e escatológica: a primeira, lugar da ação; e a segunda, a perspectiva última que atrai e orienta as ações.

Aplicações: a) Tradução do Evangelho em reformas concretas da Igreja e em posturas transformadoras da realidade planetária e, por conseguinte; b) A hierarquização das verdades da doutrina e da moral em função da vida humana concreta com suas urgências; c) A releitura do Evangelho a partir da realidade atual; d) A inserção direta da Igreja na realidade social e cultural; e) A experiência espiritual no contato com o outro e, de modo particular, com os pobres; f) A conversão cultural a partir dos valores cristãos de modo a criar outras formas alternativas de viver na sociedade individualista.

2
AS CASAS DO DIÁLOGO

O diálogo autêntico não tem limites. Ele acontece dentro de casa e fora de casa. A palavra grega *oikós* significa *casa*, de onde vêm as palavras ecumenismo e ecologia. São termos que designam os lugares comuns que abrigam um grupo. O diálogo significa falar com quem está dentro da casa e com quem está fora dela, de forma que quem está fora passe a pertencer ao grupo comum. A *ecclesia* (chamar para fora, convocar) é a *casa comum* dos cristãos que foram convocados a sair de sua família e de si mesmos. O ecumenismo é *casa comum* construída para os que creem. A ecologia é a *casa comum* de todos os seres vivos. Para os cristãos, a vida comum só pode ser feita pelo diálogo: *através da palavra* se constroem as casas comuns para a convivência de todos. A ecologia é a casa maior que abriga todas as casas menores, todos os seres vivos e não vivos que compõem o grande conjunto vivo da terra. O diálogo cristão se faz na construção da *ecclesia*, do ecumenismo e da ecologia. E essas construções se dão de modo concomitante: uma não pode ignorar a outra e se completa com a outra.

A colegialidade é o exercício político do diálogo no governo eclesial. Trata-se de um princípio de raiz teológica que entende a Igreja como a comunidade de seguidores de Jesus, comunidade que se orienta pela comunhão dos distintos membros em torno do carisma fundamental, o Cristo ressuscitado que doa seu Espírito e edifica o conjunto dos fiéis, e vai sendo conduzida por aqueles que levam adiante a obra do anúncio da Boa-Nova. As lideranças variam nas funções e nas nomenclaturas no decorrer da história e, mesmo nos primórdios do Cristianismo, não possuíam uma única compreensão e prática. Contudo, desde os primeiros tempos a questão da fidelidade ao Evangelho exigiu acordo entre as lideranças em torno do que elas julgavam fundamental. O Concílio de Jerusalém foi a primeira experiência cristã de construção de consenso a partir da fé recebida dos apóstolos em uma assembleia comum conduzida pelas autoridades legítimas, as lideranças ligadas a Jesus a partir da referência judaica na comunidade de Jerusalém e a liderança de Paulo entre os gentios. Essa experiência revela a construção da identidade cristã a partir de alguns elementos: a *fidelidade* ao carisma original do Cristianismo, relido então pelos apóstolos; a *legitimidade* das lideranças garantida pelo vínculo direto a Jesus de Nazaré (Tiago e Pedro) ou ao Cristo da fé (Paulo); o *consenso* construído pelo grupo e a *comunhão* em torno da decisão por parte de toda a Igreja (cf. At 15,22-29).

A construção de consensos fez parte da história do Cristianismo quando, em momentos de conflito de posições, se buscava uma solução comum. A liderança legítima foi sempre fundamental. A reunião contava com essas lideranças que em conjunto tomavam decisões para toda a Igreja. Assim aconteceu com os primeiros concílios que visaram definir questões específicas de fé. Esses momentos, professa a Igreja, são assistidos pelo Espírito que inspira e garante sua assistência para que ela chegue à verdade. O livro dos Atos dos Apóstolos entende as decisões do Concílio de Jerusalém nessa perspectiva de fé. Na carta de conclusão, diz: "Pareceu bem ao Espírito Santo e a nós..." (15,28).

Ao longo da história, as lideranças das Igrejas se reuniam para tomar decisões comuns nos momentos de dúvidas e conflitos em relação a questões julgadas fundamentais para a fé. Algumas Igrejas se tornaram referências como localidades que expressavam vínculo com os apóstolos, tais como Jerusalém, Antioquia e Roma. A prática da colegialidade foi constitutiva para o Cristianismo. No entanto, no decorrer da história foi sendo praticada de formas diferenciadas. Nos concílios e sínodos, nos momentos extraordinários, e em colegiados menores, localizados nas sedes episcopais. No caso do catolicismo ocidental, foi sendo basicamente um recurso extraordinário exercido pelos concílios, enquanto o papado assumia uma posição de soberania em relação às demais Igrejas e, mais tarde, em relação aos próprios bispos (cf. QUINN, 2002, p. 81-126). O Concílio Vaticano II retomou e resgatou o princípio da colegialidade como questão eclesiológica fundamental e se esforçou por retirar dele princípios práticos para o governo da Igreja. O Papa Francisco tem assumido posições que visam colocar em prática essa orientação, tanto em seus modos de se relacionar com o episcopado quanto em seu modo de exercer o Magistério papal. Os dois documentos em análise revelam essa postura de modo prático.

A colegialidade no Concílio Vaticano II

A colegialidade foi um dos temas mais espinhosos do Vaticano II. Era imperioso adotar o princípio como forma concreta de traduzir a eclesiologia conciliar da comunhão de todo o Povo de Deus e da comunhão do papa com os bispos em um *modus operandi* do governo eclesial. A longa tradição oferecia elementos seguros para se passar do princípio à prática e do exercício extraordinário ao exercício ordinário no governo eclesial. Era consenso doutrinal e prático entre os padres que os concílios significavam o principal momento de exercício colegiado de toda a Igreja. No entanto, duas questões travavam a universalização da colegialidade. A primeira, de ordem histórica: o trauma relativamente recente do conciliarismo que submetia o papa às decisões do Concílio. A segunda, de ordem eclesial; questão mais prática do que doutrinal, mas que terminou sendo vivenciada como doutrinal: o exercício do papado reforçado desde o Vaticano I pelo dogma da infalibilidade. Na verdade, desde Gregório VII o modelo de governo central da Igreja ganhara força. Na Igreja concebida como hierarquia, o poder era exercido a partir do Sumo Pontífice, vigário-geral de Cristo, sendo que os bispos eram submissos a esse governo. O Vaticano I foi o ápice dessa elaboração teológica. Além de reforçar efetivamente o poder do pontífice no conjunto da Igreja, acabou consolidando uma prática maximizada do papado que dispensou sempre mais a participação dos bispos no governo da Igreja. A Cúria Romana passa a exercer poderes centrais acima dos bispos e esses vão ocupando uma posição de delegados papais nas dioceses e de reprodutores fiéis de suas decisões doutrinais emitidas por meio de encíclicas e de decretos jurídicos.

A colegialidade foi definida pelo Concílio Vaticano II em termos teológicos. Os padres tinham diante de si a superação de um paradoxo que atiçava os ânimos da minoria conservadora: o poder universal do bispo de Roma e o poder dos bispos. Era tempo de compor uma visão que superasse a oposição entre o papa e os bispos e entre a Igreja universal e as Igrejas locais. A teologia da comunhão e do serviço permitira colocar novas luzes sobre a questão, superando a visão estrita e estreita de poder hierárquico como definidora da Igreja. Os debates que avançaram desde a Segunda Sessão alcançaram uma elaboração no fim da Terceira Sessão, sendo integrada no Capítulo III da *Lumen Gentium*, sobretudo nos números 22 e 23. Mais tarde, o tema é retomado no decreto *Christus Dominus*, ao tratar do múnus dos bispos (cf. 4-5 e 36). A colegialidade é parte integrante do carisma original cristão; insere-se no ministério dos apóstolos delegados pelo próprio Cristo. Esse ministério é exercido na comunhão e sob a condução do chefe, Pedro. Portanto, a Igreja de hoje se espelha nesse princípio. "Enquanto composto de muitos, esse colégio exprime a variedade e universalidade do Povo de Deus; enquanto unido sob um chefe, exprime a unidade do rebanho de Cristo" (LG 22). A relação do papa com os bispos se funda nessa relação que define o poder do chefe com o poder dos bispos, concretizado em seu múnus individual e nas relações de consenso entre si por meio dos sínodos locais, realizados em comunhão com o bispo de Roma (cf. JOSAPHAT, 2015).

Os padres conciliares viam a necessidade de organizar um governo colegiado da Igreja sob a condução do bispo de Roma, o que exigia, evidentemente, repensar a estrutura e o funcionamento da Cúria Romana, que, havia muito tempo, se estruturara como uma espécie de terceiro poder estabelecido entre o papa e os bispos. Para tanto, seria urgente uma reforma da Cúria e de revisão das funções dos núncios e das conferências episcopais (cf. FAGGIOLI, 2013, p. 24-34). A colegialidade deveria ser traduzida em novas formas de exercício do poder central em relação direta com os poderes locais dos bispos. A Cúria Romana reagiu de modo estridente às possibilidades de uma reforma pensada pelo Concílio. Paulo VI chama para si essa tarefa, garantindo que não haveria uma reforma estrutural, em discurso pronunciado em 18 de novembro de 1965 (cf. KLOPPENBURG, 1966, p. 447). De fato, a reforma por ele empreendida foi parcial e superficial. O concílio resgatou a prática dos sínodos como um modo de concretizar a colegialidade. Contudo, as regras e as práticas dos sínodos continuaram reproduzindo a centralidade do papa e da Cúria Romana: tornou-se uma assembleia meramente consultiva, cujas decisões podem ou não ser acolhidas pelo papa. O concílio não chegou à Cúria nem ao exercício do papado.

Pode-se dizer que o pecado original das doenças curiais indicadas pelo Papa Francisco é a não tradução institucional-legal do concílio na estrutura organizacional da Igreja e no próprio Direito Canônico. A organização institucional da Igreja foi mantida quase intacta, expressando em sua estrutura e processos de funcionamento concepções eclesiológicas do passado. Do ponto de vista estrutural, a concepção, a lógica e a prática dos órgãos curiais são, com efeito, expressões mais coerentes com os concílios de Trento (reforma do Papa Sisto V) e Vaticano I (reforma de Pio X) do que com o Vaticano II. Vale observar também que a eclesiologia conciliar acolheu em suas bases teológicas o diálogo com o mundo moderno e teologizou o sujeito moderno, consciente de si, autônomo e ativo, tanto do ponto de vista do sujeito coletivo, o Povo de Deus, quanto dos sujeitos individuais, cada cristão batizado e cada ministério exercido dentro da Igreja, segundo os dons recebidos do Espírito. Essa visão eclesiológica foi traduzida politicamente no princípio da colegialidade, que, por sua vez, não foi traduzido institucionalmente nas estruturas eclesiais secularmente consolidadas.

A colegialidade na teoria e na prática

O princípio da colegialidade adotado pelo concílio como um dado teológico inerente ao mandato apostólico e ao poder primacial do bispo de Roma e, por conseguinte, almejado como baliza do *modus operandi* da Igreja e do Pontífice – e com certeza da Cúria – não produziu, portanto, ainda, seus efeitos concretos. Para tanto, será necessária uma descentralização do poder papal e curial, de forma a dar maior autonomia às conferências episcopais. Diz Francisco: "Uma centralização excessiva, em vez de ajudar, complica a vida da Igreja e a sua dinâmica missionária" (EG 32). Fica claro, na programática franciscana, o princípio orientativo: o serviço eclesial como razão de ser das funções e das estruturas estabelecidas e, por conseguinte, a possibilidade e necessidade de que essas sejam reformadas. De fato, o líder carismático não prega nem age em seu próprio nome, mas em nome de uma missão sobrenatural, ou de um fundamento, que transcende sua vontade pessoal e provoca transformações nas rotinas das instituições.

O Papa Francisco pode ser visto como aquele que pretende tirar as consequências do Concílio Vaticano II em termos de reforma da Igreja e, especificamente, da Cúria Romana. A Cúria, embora se apresentando como um dos itens de uma reforma mais ampla a ser realizada em toda a Igreja, constitui o coração da instituição, o centro por onde a comunhão eclesial universal se faz visível e se expressa institucionalmente. Sem reforma da Cúria seria impensável realizar a "reforma inadiável" da Igreja.

Realmente, o governo centralizado da Igreja permanece com a sua velha estrutura e com sua lógica correspondente. A palavra que traduz o princípio da colegialidade é a desconcentração burocrática mediante formas sinodais de governo e descentralização que distribuiria funções para as instâncias das Igrejas nacionais e locais. Em outros termos, o governo da Igreja universal necessita de estruturas que auxiliem diretamente o bispo de Roma na condição de portador do carisma primacial do ministério petrino, reservando à Cúria funções burocráticas, como secretarias unicamente executivas de um governo colegiado. A Cúria se apresentaria, no caso, como uma autêntica burocracia, cuja única função seria o serviço da Igreja universal e não uma cúpula de poder, receptáculo de forças políticas que buscam hegemonia no corpo eclesial e que se legitima como estrutura sagrada participante da sacralidade papal.

Francisco reafirma que é necessário avançar na direção das orientações conciliares. A sadia descentralização é fruto da *Igreja em saída* que deve se converter por inteira, em todas as suas estruturas, incluindo o próprio papado. Assim indicam os rumos concretos da descentralização que colocam em prática a colegialidade:

> Também o papado e as estruturas centrais da Igreja universal precisam ouvir este apelo a uma conversão pastoral. O Concílio Vaticano II afirmou que, à semelhança das antigas Igrejas patriarcais, as conferências episcopais podem "aportar uma contribuição múltipla e fecunda, para que o sentimento colegial leve a aplicações concretas". (LG 23)

> Mas este desejo não se realizou plenamente, porque ainda não foi suficientemente explicitado um estatuto das conferências episcopais que as considere como sujeitos de atribuições concretas, incluindo alguma

autêntica autoridade doutrinal. Uma centralização excessiva, em vez de ajudar, complica a vida da Igreja e a sua dinâmica missionária. (EG 32)

A relação entre papa e bispos, entre os colégios locais e o colégio universal, não é somente uma programática inserida na eclesiologia da *Igreja em saída*, mas uma prática adotada por Francisco na sua relação concreta com os bispos em seu exercício magisterial. Com efeito, a relação estabelecida com os sínodos contemporâneos a seu pontificado revela uma nova postura. Ao ser solicitado para redigir a costumeira exortação do Sínodo da Evangelização, afirma que "não se deve esperar do magistério papal uma palavra definitiva ou completa sobre as questões que dizem respeito à Igreja e ao mundo". E completa indicando a necessidade do exercício da colegialidade local: "Não convém que o papa substitua os episcopados locais no discernimento de todas as problemáticas que sobressaem nos seus territórios. Neste sentido, sinto a necessidade de proceder a uma salutar 'descentralização'" (EG 16). O sínodo deverá ter sua própria palavra; na comunhão com o papa ele tem sua função na Igreja e não deve ser suplantado pelo papa. Essa mesma posição foi assumida por Francisco em relação ao Sínodo para a Família 2015. A distância nítida entre as posições do papa e as dos padres sinodais a respeito de certas questões enfrentadas nas sessões do sínodo indica em sua profundidade a convicção e a prática de Francisco: o respeito às decisões do sínodo, a firmeza de suas posições diante das divergências e a comunhão com a assembleia. No ano anterior já havia ponderado com os padres sinodais que na assembleia todos deviam se manifestar; embora pudesse haver discordância, não deveria haver temas proibidos. Os discursos de abertura e de conclusão do sínodo pronunciados por ele, se bem lidos, revelam igualmente essa posição de unidade na diversidade. E não por acaso determinou que o relatório do sínodo a ele apresentado fosse imediatamente publicado. Na dinâmica sinodal, o exercício concreto do *primus inter pares* revelou nas posturas de Francisco toda a sua clareza e coerência para os ouvidos e corações pouco afinados com essa prática.

Os textos da *Evangelii Gaudium* e da *Laudato Si'* inauguram um modo de fundamentação dialogal que revela o resgate da colegialidade na direção daquele "sentimento ainda não concretizado" (cf. EG 32). Os documentos exercitam a colegialidade concreta e institucionalmente na medida em que o papa se refere com extremo cuidado às decisões das conferências episcopais e nacionais. O bispo de Roma se mostra efetivamente sintonizado com os cinco continentes, buscando luzes locais para os seus ensinamentos universais. A relação de comunhão (unidade na diversidade, de localidade na universalidade) entre as Igrejas locais e a Igreja universal fica ensinada no subtexto ou no *modus operandi* do Magistério franciscano. Sua postura ensina também que o Magistério papal é um exercício não exclusivo e isolado da autoridade, mas colegiado. Na *Evangelii Gaudium*, a primeira demonstração é expressa no cuidado de Francisco ao recorrer às exortações pós-sinodais dos sínodos continentais. São citadas todas as exortações desses sínodos realizados em Roma a partir do Vaticano II, o que permite uma visão mais universal das questões que vão sendo abordadas no decorrer do documento. São os seguintes sínodos, com suas respectivas exortações: *Ecclesia in Oceania* (3X), *Ecclesia in Africa* (2X), *Ecclesia in Asia* (8X), *Ecclesia in America* (1X), *Ecclesia in Medio Oriente* (1X). A segunda demonstração pode ser verificada nas citações diretas de documentos dos episcopados continentais e de várias nações. O *Documento*/Conferência *de Aparecida* é citado doze vezes. E fica também evidente o cuidado na remissão a documentos de várias conferências episcopais de diversas partes do mundo. Na sequência, são feitas as seguintes remissões às conferências episcopais: Estados Unidos, Brasil, França, Filipinas, Estados Unidos, Congo e Índia.

A *Laudato Si'* adota postura idêntica. Na sequência exata aparecem as seguintes citações de episcopados nacionais e continentais: Conferências dos Bispos Católicos da África do Sul, Conferência de Aparecida, Conferências dos Bispos Católicos das Filipinas, Conferência Episcopal da Bolívia, Conferência Episcopal Alemã, Bispos da região da Patagônia, Conferência dos Bispos Católicos dos Estados Unidos, Conferência de Aparecida, Conferência Episcopal Alemã, Conferência Episcopal do Canadá, Conferência dos Bispos Católicos do Japão, Conferência dos Bispos do Brasil, Conferência do Episcopado Dominicano, Conferência Episcopal do Paraguai, Conferência Episcopal de Nova Zelândia, Federação das Conferências Episcopais da Ásia, Conferência Episcopal Argentina, Conferência Episcopal Portuguesa, Conferência Episcopal da Bolívia, Conferência Episcopal do México e Conferência dos Bispos Católicos da Austrália. As referências cobrem também todos os continentes e são ampliadas, se comparadas com a *Evangelii Gaudium*. Nesse sentido, os dois documentos rompem com o estilo usual de fundamentação dos discursos papais, majoritariamente calcada nos "predecessores". Essa metodologia reprodutivista de uma tradição autorreferenciada se abre para o diálogo com os magistérios locais, exercitando a relação entre o universal e o local.

Essa opção eclesiológica de que a Igreja universal se faz de Igrejas particulares concretas e não o contrário, como uma entidade abstrata subsistente que se encarna nas Igrejas particulares. A esse respeito o Cardeal Kasper diz que "na igreja terrena, unidade e pluralidade sempre estão presentes simultaneamente, uma com a outra e uma na outra em interpenetração pericorética" (2013, p. 349). O Papa Francisco fala da Igreja em sua concreticidade, comunidade de discípulos missionários, feita de sujeitos concretos situados no tempo e no espaço e que sai para anunciar o Evangelho uma vez experimentando o amor de Deus (cf. EG 20-24).

O diálogo na busca da verdade

Os dois documentos não somente exercitam o diálogo interno na Igreja, concretizando a colegialidade. No mesmo espírito herdado do Vaticano II, renova sua fundamentação para além dos pares eclesiais, chegando aos territórios da alteridade religiosa, cultural e científica. O Vaticano II deu a orientação e os primeiros passos. Apresentou o diálogo com as demais religiões como um caminho decorrente da própria fé e o diálogo com a cultura e as ciências como uma tarefa positiva para a Igreja na busca da verdade (cf. GS 33) e no aprofundamento da própria compreensão da Revelação (cf. GS 11 e 44). A Igreja presta auxílio assim como recebe auxílio da cultura desenvolvida pelos povos (cf. GS 40-44), pode receber contribuição de outras religiões (UR 4) e aprende até mesmo com seus adversários e perseguidores (cf. GS 44).

Em meio a um episcopado em sua maioria recuado do mundo e de um crescente clericalismo, Francisco avança na direção do diálogo com diferentes formas de pensar e crer ao formular seu pensamento. Não teme a verdade do outro, ao contrário, vê nela um apoio na busca permanente da verdade, na renovação da Igreja e da sociedade. As referências a teólogos e filósofos rompem com a usual autorreferencialidade do Magistério papal. Na *Evangelii Gaudium* estão presentes os teólogos De Lubac, Newman e Guardini, o escritor Georges Bernanos e o filósofo Platão. A *Laudato Si'* avança com ousadia no diálogo para fora dos lugares comuns da tradição católica. Inicia a reflexão dizendo: "[...] pretendo entrar em diálogo com todos acerca da nossa casa comum" (3). E busca logo a palavra do Patriarca Ortodoxo Bartolomeu I a respeito das exigências ecológicas da fé cristã. Adota de novo o recurso pouco frequente de citar teólogos. Cita o teólogo pouco convencional Teilhard de Chardin, e com muita frequência o seu preferido, Romano Guardini. Refere-se também aos filósofos latino-americanos Scannone (Argentina) e

Marcelo Perine (Brasil), ao místico islâmico sufista Ali Al-Khawwas, e recorre a documentos produzidos por entidades civis, a *Declaração do Rio de 1992* e a *Carta da Terra*. Além desses citados, o próprio papa fala que recolheu o que de melhor a ciência oferece hoje sobre a questão como mediação que forneça a base para um percurso ético e espiritual a ser adotado como meta e caminho da *casa comum* (cf. 15). A ciência é a voz qualificada que continua sendo a ferramenta para a proposição ética. A fé busca a ciência para se fazer entender e fundamentar. O medieval adotava essa postura em relação à filosofia clássica. Francisco vai à ciência e se deixa "tocar por ela em profundidade" (cf. 15).

Na *Evangelii Gaudium*, o diálogo lança a Igreja para fora, para o encontro com o outro, onde reside o próximo e o Cristo. Na *Laudato Si'*, o diálogo lança para o planeta como um todo e o encontro terá de ser de todos com todos. O encontro último é com o mistério da vida, e a prática radical é o amor (cf. 231-233). O diálogo cria sem cessar as casas comuns na força do amor que tudo liga, o mais próximo e o mais distante, o mais igual e o mais diferente, a casa da Igreja e a casa da terra.

PARTE IV

OS DESAFIOS DAS REFORMAS

Todo projeto de reforma mexe com o emocional dos sujeitos nele envolvidos direta ou indiretamente. As posições em relação às reformas são, quase sempre, regidas pelo desânimo ou pelo entusiasmo e, em muitos casos, por posturas eufóricas e fanáticas. A consciência clara da necessidade, da viabilidade e das estratégias nem sempre vem junto com as reformas. Esse é o paradoxo dos projetos reformadores: ter de conjugar emoção e razão na calibragem certa. A irracionalidade pode impedir a realização dos projetos. Mas a pura racionalidade do cálculo e do planejamento pode matar o impulso da mudança e as próprias adesões. Aqueles que são contra as reformas perfilam os que se sentem ameaçados de algum modo em seus valores e, sobretudo, em seus interesses. Os que são a favor podem recuar com as ponderações advindas do medo de ferir os ameaçados ou com o desânimo, filho da pressa e do imediatismo. O tempo certo dos passos a serem dados em uma reforma constitui certamente um dos segredos de seu sucesso. O reformador se encontra sempre imerso em um poço de emoções e tem de lidar com elas com grande equilíbrio: sem deixar apagar a chama do novo anunciado e prometido e sem se queimar com as mesmas chamas precipitando os passos. O *Cronos* que devora os filhos é a imagem mítica da rotinização do carisma descrita por Max Weber. Os projetos reformadores podem perder seu vigor, seus adeptos e sua legitimidade à medida que o tempo passa.

Todo reformador atrai opositores e adeptos. Não há indiferença perante os líderes carismáticos. Os profetas bíblicos, os líderes religiosos e políticos, os místicos e santos atraíram discípulos e também inimigos. Francisco está posicionado nesse campo de forças, sobretudo dentro da Igreja. As forças são muitas vezes veladas em nome da fidelidade à autoridade papal e de uma harmonia requerida pela comunhão eclesial. A ruptura com a fidelidade exige negar a própria figura do papado (tese da Reforma Protestante) ou a legitimidade de quem ocupa o cargo (caso da tese da Sé vacante da Fraternidade São Pio X). No mais, o papa ocupa uma função que não suporta a afronta direta. Com efeito, no *éthos* católico as oposições se acomodam de diversos modos no corpo eclesial, as divergências convivem numa unidade maior, mesmo que demarcadas em campos verdadeiramente opostos.

Com seus propósitos de reforma, Francisco toca diretamente no centro dos problemas; suas análises de realidade apontam para as causas dos males da Igreja e da devastação ecológica. A Igreja vai se distanciando do Evangelho e envelhecendo; torna-se autorreferenciada. A Cúria Romana é uma estrutura a ser reformada porque está doente. A terra está sendo destruída pelo modelo econômico capitalista que privilegia o lucro em detrimento da vida humana e da vida do planeta. Tal postura profética gera adversários dentro e fora da Igreja porque aponta para as causas onde se encontram os "donos" diretos ou indiretos dos modelos criticados.

As reformas apresentadas por Francisco se mostram em diversas expressões: as simbólicas, expressas em seus comportamentos pouco institucionais; as ideais ou teóricas, presentes em suas reflexões que rompem com a tradição; as programáticas, que vêm sendo anunciadas nos documentos; e as políticas, que se apresentam como estratégias concretas de mudança. Todas elas causam reações nos segmentos eclesiais. Francisco vem sendo definido como santo e como herege, como lúcido e como louco. Segue, porém, com serenidade sua marcha no pontificado com o vigor de Francisco de Assis e o discernimento de Inácio de Loyola. O tempo atual é de espera pelo novo. Certamente, ele chegará, dentro do possível, para além das fantasias dos contrários e dos favoráveis. Por ora, permanecem os desafios da "reforma inadiável".

1

A IGREJA *EM SAÍDA*
E A IGREJA *QUE FICA*

Os desafios das reformas anunciadas e em curso não dividem a Igreja em dois grupos únicos e opostos: os do contra e os a favor. Há, evidentemente, posições intermediárias que se posicionam entre esses extremos, não únicos, porém reais. Em termos tipológicos, é possível pensar em duas posturas básicas caracterizadas por dois modelos de Igreja: o da *Igreja que fica* e o da *Igreja que sai*. Esses modelos indicam de modo ideal compreensões, posicionamentos, projetos e perfis subjetivos diferenciados na conjuntura da Igreja atual. Ninguém encontrará essas duas frentes eclesiais destiladas dentro da história atual, mas poderá encontrar seus traços presentes de modo mais ou menos visível, mais ou menos organizado, mais ou menos coerente no campo dos discursos e das práticas eclesiais concretas. Essa é a função metodológica da tipologia ideal formulada e aplicada por Max Weber em seus estudos (cf. 1997, p. 5-18).

A *Igreja que fica* aglutina em sua proposta ideias, práticas e sujeitos que representam a conservação da tradição, da instituição, das normas e dos símbolos católicos; agrega os que afirmam a identidade da Igreja em oposição ao mundo moderno, plural e relativista. Trata-se de um modelo que foi sendo construído no período pós-conciliar e que ganhou cada vez mais força e legitimidade institucional e fundamentação teológica nos pontificados anteriores ao de Francisco. No início da década de 1980, com rara lucidez, o teólogo J. B. Libanio falava de uma volta da grande disciplina no catolicismo, nos moldes pré-conciliares da identidade definida em oposição ao mundo. Esse modelo se fez hegemônico e construiu uma cultura eclesial da identidade e da conservação, identidade expressa de modo claro na unidade da teologia (contra todos os paradigmas plurais), na unidade ritual (contra os esforços de inculturação), na unidade eclesial universal (acima das Igrejas locais), na unidade hierárquica (contra a autonomia do laicato). Tudo concorreu para afirmar que a Igreja deveria permanecer fiel à tradição, estável em sua organização institucional, segura em suas normas. Sair dessa zona de conforto e de segurança significaria perder a identidade e dissolver-se na liquidez do mundo. A comunhão se tornou a palavra-chave para pensar a Igreja em todas as suas dimensões e relações e a garantia de recuperação de uma unidade perdida ou em risco permanente de dissolução. Toda diversidade eclesial foi sufocada como perigo de quebra da unidade e como heresia potencial para a integridade da fé. A cosmovisão que foi sendo implantada pode ser resumida na sequência: uma fé, uma doutrina, uma Igreja, um papa, um catecismo, uma teologia, um rito... Consolidou-se, desse modo, uma programática da *Igreja que fica* que, por certo, atingiu seu ápice e seu declínio moral com a renúncia de Bento XVI.

Os impactos da *Igreja em saída*

É preciso situar essa programática de Francisco no momento histórico da saturação política desse projeto de Igreja estável e que gerou como oposição dialética o seu contrário: a busca das reformas urgentes por intermédio do novo papa. Essa dialética já foi analisada na primeira parte deste trabalho. Por ora, convém ressaltar algo de fundamental que nem sempre está dito para compreender os processos de resistência às reformas da Igreja empreendidas por missão delegada ao Papa Francisco pelo próprio conclave. Primeiramente, é necessário compreender o significado da renúncia do Papa Bento XVI e, em seguida, verificar o que sobrevive de sua era na Igreja atual.

Por certo, é verdade que o movimento que naufragou o pontificado de Bento XVI não pode ser compreendido como um fato isolado da conjuntura eclesial (política) que o orientou desde o tempo de prefeito da Congregação para a Doutrina da Fé. Há, portanto, de considerar que: a) O Papa Bento XVI esteve no centro do longo pontificado de João Paulo II como homem lúcido e forte do primeiro escalão curial; b) O prefeito e o papa estavam perfeitamente encaixados em um projeto maior de Igreja sistemicamente estruturado e funcional; c) Esse projeto era feito de representações teológicas, de práticas eclesiais, de estratégias de afirmação e expansão; d) Era também gerido por sujeitos eclesiais concretos, sejam eles grupos eclesiais, sejam eles pessoas individuais; e) O currículo do papa exige que se lhe atribua conhecimento das forças com as quais pode contar na Igreja, na Cúria Romana e no episcopado de um modo geral; f) A renúncia inesperada do pontífice foi a implosão política desse projeto deflagrada por parceiros do mesmo projeto e não por inimigos externos ao seu governo.

O projeto da *Igreja que fica* foi implodido não pelas ideias díspares de teólogos e de pastores de Igrejas locais nem pelas forças externas advindas do mundo relativista, mas pelas forças internas da própria máquina curial alinhada com um projeto eclesial bem estruturado na concepção e na prática. Esse projeto mostrou sua falência política: a identidade católica foi sendo traduzida em identidade institucional, que foi sendo reduzida em identidade curial, que foi sendo consubstanciada em poder eclesiástico, que foi sendo privatizado por sujeitos curiais e que culminou na traição final e na renúncia papal. A identidade garantida pela tradição pura, pela unidade das ideias e pelo ordenamento institucional implodiu, em seu último grau de segurança, o poder sagrado do Sumo Pontífice. A renúncia de Bento XVI não denuncia somente os limites da governabilidade corroída pela desconfiança, mas também a sabedoria de romper com um regime falido em nome de uma causa maior: a Igreja que está para além da Cúria Romana. Bento XVI trocou sabiamente a Cúria pela Igreja, seu pontificado pelo papado a ser continuado, seu projeto eclesial pessoal por um novo projeto a ser assumido pelo novo pontífice.

O que restou da era Bento XVI e do projeto da Igreja sólida? Politicamente, muito pouco. A crise escancarada com sua sábia renúncia abriu inevitavelmente uma nova fase para a Igreja: produziu Francisco com seus projetos de reforma. No entanto, social e culturalmente sobrou tudo o que antes compunha a Igreja no conjunto de seu corpo (suas estruturas) e de seus membros (o episcopado e o clero). As expressões entre parênteses são reais, embora possam causar aborrecimentos teológicos para os devotos. As estruturas da Igreja permaneceram as mesmas desde as renovações conciliares, incluídas as da Cúria Romana. As comunidades eclesiais locais, mesmo que tenham vivenciado um Cristianismo de comunhão e participação, jamais alteraram qualquer tópico das estruturas institucionais. O segundo parêntese denomina o episcopado e o clero em geral como os membros principais da Igreja. O clero continuou sendo o sujeito eclesial principal – e por excelência – dentro da Igreja, não obstante a eclesiologia do Vaticano II ter acentuado, antes de tudo, a condição comum do Povo de Deus.

O que restou da fase anterior? A estrutura geral da Igreja goza de autonomia funcional como toda burocracia bem organizada, mesmo sendo criticada por Francisco e sendo seu alvo de reforma. As normas canônicas permanecem as mesmas, mesmo que muitas práticas pastorais sejam modificadas. Os sujeitos centrais da Igreja, o clero de um modo geral, também permanecem como uma geração do sistema da Igreja estável e, portanto, como seus legítimos representantes ativos. Mas há, ainda, a sobrevivência da cultura eclesial: os modos de pensar e ser objetivados em hábitos, costumes, normas e estéticas que são reproduzidos coletivamente dentro da Igreja.

É com essa estrutura institucional rígida, com esses sujeitos principais e com essa cultura hegemônica que as reformas apresentadas por Francisco se encontram e, muitas vezes, se chocam desde que assumiu o pontificado. O cenário tenso do Sínodo para a Família 2015 é apenas a expressão desse sistema maior que sobrevive com bom fôlego na Igreja. A proposta da *Igreja em saída* vem de encontro à cultura da Igreja estável, segura de si mesma e distante do mundo, e com os interesses daqueles sujeitos que nela se encontram funcionalmente encaixados.

Há que ponderar, evidentemente, os níveis e as porosidades desse sistema, como em qualquer outro corpo político e institucional. A Cúria Romana, embora enfraquecida (hoje a instância eclesial menos legítima), representa um forte foco de resistência às reformas (por ser a instância mais interessada na continuidade institucional) e poderá adotar estratégias para evitá-las (como já se pode verificar em alguns episódios envolvendo seus escalões). E não por acaso tem sido alvo de críticas duríssimas do papa. O episcopado vem em seguida como uma segunda esfera de resistência, por representar em sua grande maioria a geração do regime anterior e não tanto pela estatura eclesial que ocupa: como pastores de suas Igrejas locais, investidos de autonomia na condução de suas Igrejas. Após vem o clero, que prefere a estabilidade que dispensa o esforço de mudança e o esforço de saída na direção do povo, como insiste Francisco. Para todos os segmentos, o propósito da *Igreja em saída* exige esforço de mudança que não agrada o individualismo moderno caracterizado pela máxima satisfação com o menor esforço. Nesse sentido, o projeto da *Igreja que fica* se ajusta com naturalidade à cultura do individualismo e do bem-estar que dispensa o outro da vida de cada consumidor satisfeito.

Alguns tipos de resistência

A Igreja Católica evoluiu historicamente para um modo racional de organizar-se, centrado em estruturas, normas e funções previamente determinadas que regulam administrativamente a instituição como uma burocracia. Segundo Weber, a administração burocrática descansa na ideia do direito respeitado pelos membros internos da associação e reconhecido pelos externos; afirma que a norma geral instituída deve ser aplicada nos casos concretos e seguida pelos membros segundo os interesses da instituição; e que as chefias obedeçam a essas leis objetivas e impessoais (cf. 1997, p. 173-174). A racionalidade burocrática se autojustifica e se autorregula em seus próprios ordenamentos como máquina capaz de funcionar por si mesma, independente de quem ocupa qualquer papel em sua hierarquia funcional.

A Igreja Católica construiu sua organização na medida em que se institucionalizou do ponto de vista da estruturação hierárquica, das normas internas e da organização territorial. Sem dúvida, foi do Império Romano que recebeu as regras e dinâmicas organizativas que a fizeram sempre mais uma grande burocracia, embora sustentando regras de organização tradicional e de fundamentação carismática. A racionalidade administrativa organizou a máquina gestora da tradição que preserva e transmite o carisma original. Essa máquina autofuncional se distingue de outras organizações religiosas ou mesmo de outras burocracias modernas precisamente por misturar em seus ordenamentos elementos dos três tipos puros de poder (carismático, tradicional e burocrático: cf. Capítulo 1 da Parte I), mas também por gerir de modo mais ou menos orgânico três figuras distintas: a Igreja universal, com suas estruturas, papéis e regras comuns; o aparelho central da Cúria Romana, com seus dicastérios e departamentos; e o Estado do Vaticano, com suas estruturas próprias. A complexidade administrativa dessas estruturas faz com que elas se entrelacem e, por vezes, se choquem, misturando em muitos casos interesses e funções, incluindo os interesses externos à missão própria da Igreja, uma vez inserida nas regras internacionais das relações diplomáticas e dos interesses políticos e econômicos.

O Papa Francisco rompeu com o paradigma da consagração teológica da instituição e com a etiqueta administrativa da defesa da organização. Reconheceu os erros da Igreja como vergonha, admitiu publicamente os *lobbies* políticos dentro da Cúria Romana, criticou os carreirismos nos escalões eclesiásticos, determinou a publicação dos relatórios financeiros do Banco Vaticano e tomou medidas de reforma em relação ao mesmo. Tem se mostrado como um líder que se pauta pela transparência, pela sinceridade e pela coragem em empreender reformas que toquem na estrutura burocrática da Igreja, não em nome de sua eficiência, mas de sua coerência evangélica.

Contudo, as propostas de reforma da Igreja enfrentam a burocracia gigantesca de sua própria organização, firmemente assentada sobre tradições milenares e regida pelo Direito Canônico. Essa estrutura tão rígida quanto "eficiente" pode oferecer resistências quase naturais a mudanças que interfiram em seu funcionamento e nos interesses de seus funcionários. Alguns tipos de resistência podem ser delineados:

a) *Resistência estrutural.* A rotina administrativa costuma dispensar reformas em nome da regra objetiva instituída – no caso da Igreja, da norma de fundamento sagrado. A tradição consolidada na forma da doutrina e estabelecida na forma da lei eclesiástica sustenta a estrutura eclesial, que, em nome de um fundamento advindo do passado, pode negar implícita ou explicitamente a renovação, conforme sugere o próprio papa (cf. EG 39, 41, 43 e 94).

b) *Resistência funcional.* Os ideais reformadores se deparam, portanto, com os serviços em pleno funcionamento, com seus processos, prazos e soluções. Esse funcionamento regular diz respeito aos aspectos microestruturais da instituição regidos pelas rotinas pastorais e instados pelas demandas tradicionais vinculadas aos costumes religiosos do povo. A pastoral não pode esperar reformas, ainda que essas apelem para opções profundas dos pastores estabelecidos em suas funções com as garantias canônicas e habilitados em suas rotinas administrativas e pastorais. O risco é o estabelecimento de um paralelismo indiferente às orientações pastorais ou espirituais capazes de reformar as atitudes, as estruturas e os métodos (cf. EG 27).

c) *Resistência inercial.* A rotina produz a indiferença às reformas. Amparadas por ordenações legais, por práticas administrativas e por tradições pastorais, as estruturas da Igreja podem contribuir para o esfriamento do carisma renovador que já se difunde como expectativa positiva ou negativa. Como já foi dito, nas práticas tradicionais vinga o novo que negocia com o antigo. Na máquina burocrática, o novo pode não acontecer, por rejeição do conjunto ou por se mostrar, na prática, desnecessário. Ou, ainda, as reformas são recebidas formalmente e logo caem na rotina que faz com que tudo retorne à vivência da norma e à lei do menor esforço.

d) *Resistência política.* Essa pode ocorrer de modo explícito ou velado. Não interessa àqueles que ocupam uma função estável, entendida como poder de mando ou como *status*, assumir mudanças de rumo e de práticas. Nesse caso, as resistências às mudanças podem ser publicamente até bem acolhidas e divulgadas, porém veladamente rejeitadas como incômodo ao que já está instituído. Mas pode haver, ainda, recrudescimento nas práticas regularmente instituídas, de forma que, uma vez exercendo corretamente as funções nos termos da norma, ignore legitimamente as mudanças implantadas.

As reformas urgentes

Francisco tem demonstrado resistência carismática na posição de papa e dentro da burocracia eclesiástica que, de sua parte, vem demonstrando sua força de conservação. Continua surpreendendo com sua originalidade que rompe com os padrões e as regras. Pode-se dizer que o carisma ainda não se rotinizou, apesar de pouco reproduzido pelo episcopado de um modo geral. O ideal de reforma, até o momento, está consolidado como grande apelo à Igreja e ao mundo e pretende criar uma nova cultura eclesial e uma cultura do encontro que superem a simples função administrativa e pastoral pelo serviço ao outro, o individualismo hedonista da cultura de consumo e a tecnocracia a serviço do capitalismo mundializado.

Seus propósitos reformadores estão a caminho e se mostram sempre mais visíveis para além de suas atitudes pessoais. Já está em curso uma reforma que pode ser definida, segundo os parâmetros da sociologia da organização, como "mudança planejada", o que se pode verificar pela constituição do grupo dos oito cardeais ("agentes de mudança") encarregados de elaborar um projeto de reforma segundo um cronograma planejado (cf. CHAMPION, 1985, p. 212-220). Francisco refez a imagem do papado, oficializou sua proposta de reforma da Igreja na exortação *Evangelii Gaudium* e tem provocado perplexidade na cultura do poder sagrado estabelecida na Igreja e nos poderosos do planeta. Alguns movimentos contínuos poderão ser feitos para que a reforma se concretize em todas as suas frentes no conjunto da Igreja:

a) *Passar do carisma à instituição.* O carisma vigoroso marcado pela simplicidade, pela coerência e pela coragem de renovar a Igreja certamente atrairá adeptos nos quadrantes da Igreja. Mas todo carisma se extingue com seu portador, que um dia morre ou perde as forças físicas para exercer sua função, dado que se agrava tendo em vista a longevidade do Papa Francisco. Nesse sentido, o movimento contínuo de passagem do carisma em instituição é indispensável para que a reforma se concretize. A força fundamental e renovadora do carisma terá de se traduzir em políticas concretas que interfiram nas regras e no funcionamento da instituição eclesial. A renovação das estruturas depende, antes de tudo, desse movimento, embora possa contar com a colaboração de sujeitos adeptos das reformas. Essa institucionalização é uma tarefa complexa e lenta e, por certo, não será completada no pontificado de Francisco.

b) *Passar do discurso espontâneo para o discurso oficial.* As intuições externadas, as declarações e até mesmo as homilias terão de se tornar Magistério para que possam superar o âmbito da pessoalidade e os limites do tempo presente e sobreviver como orientações para o futuro. Trata-se de uma tradicionalização consciente do carisma para que possa se tornar normativo para o conjunto da Igreja. Nesse quesito, há de se pensar, ainda, em uma reforma do próprio Código de Direito Canônico, que constitui o núcleo duro da instituição católica e a instância última de toda reforma estrutural da Igreja.

c) *Passar da autoridade central para a autoridade partilhada.* Os projetos de reforma terão maior eficácia à medida que envolverem maior número de agentes, de forma a reproduzir não somente o ideário, mas, sobretudo, a constelação concreta dos reformadores, o que se distingue da hierarquia anônima, ainda que jurisdicionada sob a fidelidade. A busca de mecanismos mais concretos de exercício da colegialidade na linha das expectativas do Vaticano II se impõe como um caminho necessário para as reformas (cf. *Concilium* 353 [2013/5]). A reforma do papado anunciada por Francisco poderá ser o passo definitivo nessa direção (cf. EG 32).

d) *Passar do papado aos episcopados.* A sadia descentralização anunciada por Francisco (cf. EG 16) será uma direção fundamental da reforma, o que implica modificações na estatura e nas funções das conferências episcopais, dos sínodos dos bispos e das nunciaturas apostólicas. À medida que essas funções forem revistas é que se efetivará, de fato, uma mudança estrutural capaz de rever o perfil do episcopado, constituído, então, como um corpo de "agentes de mudança", e de produzir, por conseguinte, efeitos na central organizacional da Igreja: os organismos da Cúria Romana.

e) *Passar da Cúria para as cúrias.* As reformas em andamento atingirão, ao que tudo indica, antes de tudo, a Cúria Romana. As dioceses, com suas rotinas administrativas, continuam reproduzindo as regras de sempre, sem necessidade administrativa de acolher as reformas feitas na cúpula central.

Essas passagens não resumem, evidentemente, uma plataforma ou uma sequência de reformas supostamente necessárias à Igreja. Elas pontuam tão somente aquilo que se inscreve no âmbito mais básico da instituição eclesial e de onde pode advir uma sucessão de renovações que atinjam progressivamente o conjunto do corpo eclesial. Para além dessas passagens políticas, residem outras, de natureza cultural, que dizem respeito aos costumes consolidados nas práticas eclesiais e cuja mudança depende, antes de tudo, da disposição do conjunto dos fiéis; coisa que nenhuma reforma feita a partir da cúpula, e até mesmo na estrutura, poderá operar automática e imediatamente.

Toda mudança ocorre, efetivamente, se forem alteradas simultaneamente normas, estruturas, valores e condutas; mudar implica desaprender e aprender de novo (cf. DIAS, 2008, p. 219-220). Ainda que sob as regras da tradição, as reformas em curso terão como desafio apresentar novos valores e criar novas condutas eclesiais, como pautou Francisco em sua exortação programática *Evangelii Gaudium*. Ainda não dá para falar em um pacto pela reforma da Igreja, mas apenas no lançamento de um ideário que deverá ser traduzido em projeto concreto com atribuições para os diversos escalões da Igreja.

Contudo, a alma de uma reforma da Igreja é, certamente, eclesiológica. Sem uma profunda convicção sobre a natureza *semper reformanda* da Igreja em nome da fidelidade ao Evangelho, as reformas poderão nascer e morrer nas terras desertas da burocracia e nas armaduras blindadas dos velhos esquemas teológicos. A reforma da Igreja, entendida como consequência necessária da nova etapa evangelizadora, exigirá, com efeito, "saída" da Igreja de suas posturas institucionalmente consolidadas e, portanto, conversão de todos (*Evangelii Gaudium* 27-33). Muitos valores e condutas consolidados, tidos como verdadeiros e bons, terão de ser modificados para que possam acontecer as mudanças na direção das exortações do Santo Padre.

2
A CONSTRUÇÃO DA *CASA COMUM*

O item anterior expôs as conjunturas e os desafios de uma reforma da Igreja segundo a programática exposta na exortação *Evangelii Gaudium*. Os focos de resistência são reais e ativos, embora muitas vezes estejam disfarçados no regime da fidelidade ao papa e da "comunhão" eclesial. Em todo caso, trata-se de uma questão interna da Igreja, sobre a qual o bispo de Roma tem poder efetivo de interferir diretamente, ainda que seguindo um ritmo eclesialmente sustentável no âmbito das diversidades que compõem a Igreja e das forças que se conjugam na composição institucional, sobretudo da Cúria Romana, e dos sujeitos que exercem o ministério episcopal no conjunto da Igreja. Como já foi visto, Francisco tem escolhido o caminho da colegialidade efetiva, e não o do exercício centralizado do papado nos padrões pré-conciliares.

A encíclica *Laudato Si'* é assim apresentada por Francisco: "Na minha exortação *Evangelii Gaudium*, escrevi aos membros da Igreja, a fim de mobilizá-los para um processo de reforma missionária ainda pendente. Nesta encíclica, pretendo especialmente entrar em diálogo com todos acerca de nossa casa comum" (3). O documento foi acolhido de imediato com grande simpatia por boa parte dos intelectuais, cristãos e ateus, por políticos e por militantes sociais como um texto inovador e corajoso. Nenhuma outra encíclica social gozou dessa recepção tão imediata e, em certa medida, eufórica. A temática ali abordada explica certamente essa recepção positiva. De fato, a causa ecológica sensibiliza hoje boa parte do planeta e tem sido tratada pela academia como verdadeira questão disputada, sobretudo no que diz respeito à exposição das causas do chamado aquecimento global e das dimensões ideológicas do discurso da sustentabilidade.

O fato é que entre esses receptores há que distinguir distintas hermenêuticas da encíclica: os que projetam nela seus ideais ambientalistas e ficam na periferia do texto daqueles que penetram em sua complexidade e acolhem sua totalidade. Mesmo que toda recepção seja inevitavelmente seletiva, essa esconde, por certo, uma leitura seletiva mais comprometedora do ponto de vista político: a leitura ingênua e a leitura crítica, feitas, respectivamente, por sujeitos conservadores e por sujeitos progressistas. Embora ambas as leituras sejam engajadas e interessadas, elas podem e devem passar por um juízo hermenêutico da objetividade possível do texto. A leitura parcial e superficial difere qualitativamente da leitura global e sistêmica do texto. A popularidade da encíclica carrega essas ambiguidades que devem ser discernidas.

O próprio papa reconhece que a questão da sustentabilidade do planeta não é vista por uma única maneira de pensar (cf. LS 61-62). Se se pode falar em convergência ética em torno do respeito à vida no planeta, há, contudo, que reconhecer que se trata de uma convergência dada mais no nível da constatação dos efeitos (a degradação visível e crescente) do que na constatação das causas (o capitalismo tecnocrático) e nas estratégias de enfrentamento (a mudança nos hábitos de consumo e a mudança da lógica capitalista). Essa convergência ética bastante ativa em todo o planeta seria, nos termos do filósofo G. Lipovetsky, uma "ética indolor" (cf. 2005) dos que protestam contra os efeitos, mas se negam a apontar as causas e a mudar de comportamento. É nessa cultura planetária centrada no indivíduo satisfeito que a encíclica encontra sua acolhida eufórica, sua rejeição ou sua ineficácia real. Não há outro mundo e outra cultura. A ética da *casa comum* é um gigantesco desafio de construção, uma convergência a ser alcançada em meio a inércias estruturais e satisfações individuais. A *Laudato Si'* é a primeira convocação oficial da Igreja para essa construção, elaborada de modo sistemático e na forma de diretrizes. Seus ecos imediatos foram de alta frequência, sobretudo nas mídias e na sociedade em geral. Seus impactos reais nas políticas planetárias permanecem imprevisíveis e serão, com toda certeza, evitados pelos donos do capital e pelos indivíduos plenamente satisfeitos com os produtos carregados de felicidade oferecidos incessantemente pelo mercado.

As leituras da encíclica

Quem lê uma encíclica *dentro da Igreja*? Todos os bispos? Todos os clérigos? Todos os seminaristas? Todos os leigos? E na *sociedade* em geral? Alguns jornalistas? Alguns professores? Alguns estudantes? Por certo, se se verificassem os leitores de fato, mesmo aqueles leitores superficiais, a resposta poderia surpreender a muitos. É sabido que a escassez de leitores críticos em nossos dias assume cada vez mais dimensões assustadoras. O menor esforço com maior resultado chegou também nos consumidores de textos. Além do mais, um texto papal já vai ao encontro (ou de encontro) de leitores de opinião formada, sobretudo no caso dos leitores de dentro da comunidade eclesial. Mas também nesse contexto é frequente a presença de "conhecedores estabilizados" ou "conhecedores oficiais" que, pela posição sagrada que ocupam na hierarquia eclesial, dispensam como desnecessário o estudo permanente e, muitas vezes, como afronta ao poder, o debate crítico sobre temáticas teóricas e teológicas. Muitos outros leitores vivem dos atalhos dos textos digitalizados disponíveis na *web*. Para o bem ou para o mal de suas *performances* cognitivas, alimentam-se dessas fontes rápidas que podem dispensar o esforço da leitura reflexiva, da análise e da síntese pessoal. No entanto, na sociedade da informação todos são receptores e, em certa medida, participam de leituras que são veiculadas a respeito dos fatos e ideais. O "império do efêmero" (cf. Lipovetsky, 1989) chegou também às informações e toma o lugar da aprendizagem árdua da decodificação dos significados, da persistência no estudo e da busca permanente de formação do pensamento.

A encíclica *Laudato Si'*, com efeito, caiu nesses solos – eclesial e social – e está sendo lida pelos sujeitos aí inseridos. Ela está entregue a diversos tipos de leitores com suas chaves de leitura mais ou menos eficazes em termos de compreensão de seu conteúdo. Por outro lado, não se espera mais a adesão obediente dos católicos pelo fato de se tratar de um documento papal. Os leitores internos à Igreja são também diversos e perfilam as leituras possíveis do texto, conforme as tendências que prevalecem na sociedade mais ampla. Se hoje é cada vez mais visível a ausência de leitores críticos de texto completos, é também não menos visível a existência de intérpretes imediatos dos fatos e das chamadas. Se há numericamente poucos leitores autênticos, há, contudo, muitos intérpretes ágeis da informação instantânea.

A recepção e divulgação dos fatos feitas pelas mídias constituem, sem dúvida, um condicionante fundamental para os diversos receptores. A agilidade e a praticidade das mídias, particularmente as das redes digitais, favorecem o acesso às notícias, por vezes em um meio hermenêutico líquido que pressupõe uma convicção formada do internauta, às vezes com o direcionamento ideológico que, ao contrário, dispensa a autonomia interpretativa. As interpretações dependem, portanto, dos pressupostos já formados pelos receptores, em função de seu grupo de referência, incluindo nesses os sítios virtuais [*websites*] escolhidos, como também de seu interesse e senso crítico em investigar o teor das informações recebidas. As mídias escritas, de modo particular jornais e revistas impressas, assim como a televisão, ainda gozam de uma maior capacidade de formar diretamente opiniões com suas opções editoriais.

A *Laudato Si'* foi amplamente divulgada nesse universo de mídias e receptores, mais interativos ou mais passivos. Não se pode postular, portanto, uma espécie de "recepção neutra" e objetiva do texto, acolhendo fidedignamente seu conteúdo. A encíclica foi e está sendo lida por diferentes tendências sociais, políticas e eclesiais. Vale observar que as mídias condicionam direta ou indiretamente os próprios intérpretes católicos, não excluindo desses até mesmo leitores qualificados. Algumas tipologias dessas leituras, embora não permitam localizar grupos concretos, coesos e puros, ajudam a mapear as interpretações que o documento vem recebendo:

a) *A leitura estética*. É a mais imediata e efêmera, feita de modo especial pela mídia, e que constitui uma primeira esfera de recepção da encíclica perante o grande público consumidor de novidades. Tal leitura ligou a encíclica às reformas revolucionárias de Francisco, vendo nela mais um ato espetacular do pontífice que tocou pela primeira vez em um assunto de grande atualidade. Como todas as pautas midiáticas, sucumbiu na efemeridade do novo que causa impacto e que perde seu valor com extrema rapidez. Não faltou essa acolhida também dentro da Igreja, que divulgou com euforia em seus veículos de comunicação o lançamento de mais uma encíclica e os seus assuntos inéditos. Essa leitura contribuiu, obviamente, para a divulgação do novo documento e para a construção social de uma recepção simpática do mesmo por parte do grande público já simpático ao Papa Francisco.

b) *A leitura verde*, em certa medida reforçada pela leitura anterior, recebe o documento como uma abordagem ambientalista que provoca a indignação para com a morte das espécies animais e vegetais e ensina a amar a natureza. É uma leitura também emocional, porém com fins militantes. Manchetes de jornais e revistas falaram em "encíclica verde", cartazes divulgando a *Laudato Si'* mostraram Francisco plantando árvores e muitas pessoas festejaram a entrada oficial da Igreja na questão ambiental. Essa recepção reproduz a interpretação superficial corrente do ambientalismo: fica na superfície do texto porque fica na superfície do problema ecológico. Manter a indignação contra a destruição do planeta sem ir às causas e se posicionar contra elas é a estratégia regularmente utilizada por esses militantes. A exposição espetacular dos efeitos esconde as causas e contribui para a perpetuação do sistema econômico mundial tecnocrático.

c) *A leitura tradicional.* Trata-se de uma certa recepção católica que acolhe os documentos papais na lógica da fidelidade ao Santo Padre. Consiste no ritual obsequioso da acolhida da palavra do papa enquanto palavra de verdade (sutilmente infalível) e que deve ser divulgada dentro da Igreja e, se possível, para a sociedade em geral. No caso da *Laudato Si'*, essa leitura regular dentro da Igreja pôde também surfar na onda da euforia midiática e ambientalista e mostrar a relevância das palavras do papa para o mundo atual e a força da Igreja perante a sociedade. Mais do que acolher o conteúdo e traduzi-lo em catequese e em posturas éticas na vida social dos cristãos, interessa a celebração do *fato católico*. No fundo, trata-se da afirmação da identidade católica dentro do mundo moderno secularizado, relativista e ateu, e carente de uma verdade segura. A encíclica afirmaria o protagonismo católico neste mundo e reforçaria a chamada da Igreja para a salvação do planeta.

d) *A leitura oficial.* Sem os ímpetos de afirmação da catolicidade e de expansão da cristandade que sustentam a leitura anterior, essa leitura é feita pela oficialidade católica. Nasce da acolhida previsível de uma orientação superior como em qualquer instituição e se encaminha por meio dos protocolos já previstos: presença nas páginas e *sites*, comunicações oficiais por parte das lideranças episcopais e pastorais, comunicação nos avisos paroquiais e nas homilias etc. Trata-se da leitura católica, episcopal e pastoralmente correta. Os documentos papais passam por esse tipo de recepção que oferece ao público interno e externo da comunidade eclesial uma determinada interpretação caracterizada pela síntese e por algum estudo imediato e rápido do assunto. Na conjuntura eclesial atual, a recepção dos pronunciamentos do Papa Francisco é ainda muito protocolar; não geram entusiasmos e ecos duradouros como em tempos passados com outros papas. A recepção oficial cumpre seu dever sem grandes cumplicidades e sem tirar consequências práticas para as pastorais de um modo geral.

e) *A leitura militante* acontece, sobretudo, dentro da Igreja e recolhe as orientações da *Laudato Si'* como desafios para a organização pastoral. As pastorais constituem os foros principais dessa recepção. A busca de estratégias de compreensão (palestras e cursos), de divulgação e de tradução catequética faz parte de suas dinâmicas regulares. Misturam-se a acolhida entusiasta e a busca dos meios de concretização das orientações apresentadas pelo documento. Na conjuntura eclesial e social atual, o risco da rotina é real nesse processo de recepção e pode reduzi-la a um momento entusiasta sucedido pelo cansaço, seja pela ausência de redes de apoio, seja pela falta de mecanismos de transitividade para a sociedade.

f) *A leitura racional* diz respeito a uma recepção feita, sobretudo, no mundo acadêmico. Intelectuais de peso se manifestaram sobre a seriedade e a coragem da abordagem pela primeira vez feita no âmbito da tradição católica. Não faltaram entrevistas com intelectuais que repetiram essa interpretação, ressaltando os aspectos interdisciplinares da abordagem e a relevância para o futuro da humanidade no planeta (cf. entrevista com Edgar Morin disponível em <http://www.ihu.unisinos.br/noticias/543811-a-laudato-si-e-talvez-o-ato-numero-1-de-um-apelo-para-uma-nova-civilizacao-entrevista-com-edgar-morin>, 23 de junho de 2015). Essa recepção entende o trabalho do ponto de vista de sua coerência analítica e relevância política, bem como confirma a função da religião dentro da cultura moderna secularizada. Mais do que outras encíclicas, a *Laudato Si'* tem sido, de fato, objeto de estudo nos ambientes intelectuais e universitários, onde se tem colocado em destaque o diálogo feito com as ciências, a séria crítica das causas da destruição do planeta e a busca honesta de caminhos comuns para a tomada de consciência da problemática de um progresso sustentável.

g) *A leitura conservadora*. Essa tem sido feita pelos defensores do regime capitalista, credores fiéis da autorregulação do mercado que rejeitam qualquer proposição de finalidades éticas para o seu funcionamento regular. A saúde desse regime depende dele mesmo e dispensa os profetas ingênuos e os críticos de plantão. As análises das causas da destruição do planeta feitas pelo papa, bem como a sugestão de uma mudança de rota no sistema como um todo e na prática consumista dos grupos e indivíduos, foram recebidas como uma crítica irresponsável; foram qualificadas por vários intelectuais do liberalismo como volta ao velho "comunismo" e como crasso erro de visão dos problemas mundiais. Ademais, a defesa do direito dos pobres permanece como uma heresia perante a visão liberal e como discurso que deve ser retirado das análises da ordem global, por serem externas a ela. Das leituras elencadas, essa tem sido, certamente, a mais reativa e emocional. Não obstante sua pose técnica, com frequência desqualificou para além dos debates objetivos a própria pessoa de Francisco como um papa de qualidade intelectual duvidosa. A versão católica integrista dessa leitura se encarregou de acrescentar a Francisco o repetido qualificativo de comunista e herege.

Essas recepções não esgotam todas as que têm sido feitas desde o lançamento da encíclica. Há outras leituras sendo feitas, e ainda outras possíveis. O mapeamento não pode julgar as intenções dos sujeitos nelas envolvidos, mas pode expor os equívocos nelas contidos, na medida em que são parciais e superficiais e, por conseguinte, não contribuem nem para a apreensão dos conteúdos ali propostos nem para uma aplicação efetiva das propostas dentro e fora da comunidade eclesial. O tópico seguinte se esforçará para apresentar uma leitura mais realista e objetiva do documento.

As exigências da *casa comum*

As leituras já expostas apanham partes ou aspectos da encíclica *Laudato Si'*, embora certamente acreditem apreendê-la por completo. O problema, contudo, não reside unicamente no modo de interpretação, mas, sobretudo, na consequência da interpretação: o que, de fato, fazer com a *Laudato Si'*? Evidentemente, o modo como se apreende um conteúdo determina imediatamente a sua aplicação. Ou, inversamente, as intenções prévias do que fazer com um determinado conteúdo direcionam a sua compreensão. Contudo, mesmo que leituras parciais possam ser potencializadas de alguma forma em práticas concretas de vida, a compreensão mais completa do conteúdo poderá levar a práticas mais coerentes e eficazes. Também é verdade que nos processos pedagógicos e políticos será sempre importante e necessário aproveitar os elementos parciais das leituras feitas pelos diferentes grupos e indivíduos. Os resíduos do todo que podem estar presentes naquelas leituras poderão (deverão) ser aproveitados como ponto de partida para a obtenção de uma visão mais completa da *Laudato Si'*. Com efeito, a pergunta pelo conteúdo da encíclica é fundamental após a exposição das leituras anteriores. Vale lembrar que toda leitura é feita, evidentemente, a partir de parâmetros e de métodos que podem ser implícitos ou explícitos. O percurso de leitura adotado pretende oferecer uma visão coerente com o texto situando-o em seu contexto. Primeiramente se verificará o contexto histórico e hermenêutico no qual a *Laudato Si'* se situa: a tradição da Doutrina Social da Igreja. Em seguida se buscará no seu texto os elementos da forma (a estrutura e a linguagem) e do conteúdo que exponham as suas teses principais.

a) A Laudato Si' no curso histórico da Doutrina Social da Igreja

A reflexão valorativa sobre a realidade social inaugurou uma tradição na Igreja Católica desde a encíclica *Rerum Novarum* de Leão XIII. O exame crítico das coisas novas no contexto da segunda metade do século XX tinha como objetivo claro identificar os problemas e, a partir da doutrina católica, propor orientações para o posicionamento dos católicos naquele contexto de expansão do capitalismo industrial. Evidentemente, o papa não imaginou que, a partir de 15 de maio de 1891, estava inaugurando uma tradição que, de documento em documento, construiria uma cadeia de reflexões que redundaria em um corpo doutrinal, em um método de análise e em uma disciplina da teologia (cf. *Compêndio da Doutrina Social da Igreja* 72-73). O desenvolvimento desse pensamento social pensou não somente os contextos à luz da fé cristã e da tradição católica, mas pensou também a si mesmo, na medida em que foi formulando nomenclaturas e buscando seu lugar dentro da tradição teológica oficial, ou seja, dos Magistérios ordinário e extraordinário da Igreja. Entre a *Laudato Si'* e a *Rerum Novarum* contam mais dez encíclicas que aparentemente reproduzem sobre si mesmas as questões sociais pensadas pelos papas. Contudo, na verdade, elas delatam em suas críticas e proposições uma evolução do pensamento social católico no decorrer do século passado e nos tempos atuais. Vale lembrar que, nesse tempo, outros documentos de cunho social foram publicados pela Igreja: as radiomensagens de Pio XII; a constituição *Gaudium et Spes*, do Vaticano II; documentos promulgados por dicastérios romanos; e os documentos dos episcopados locais espalhados pelo mundo. Esse conjunto maior revela a busca incessante de luzes evangélicas para as contradições sociais que vão sendo vivenciadas pelos povos em suas diversas realidades, a busca de compreensão dos mecanismos subjacentes às conjunturas e problemas e a sugestão de parâmetros éticos para a ação dos cristãos.

Situada nessa longa história e nesse volume robusto, a *Laudato Si'* não é somente a palavra mais recente, mas se mostra, de fato, como uma palavra portadora de novidades. A *Rerum Novarum* julgava, certamente, ser a palavra mais lúcida da Igreja sobre as graves questões sociais da época. Não julgava, por certo, ser uma palavra datada naquele contexto. E foi, de fato, uma palavra de longa duração e com efeitos muito concretos na militância católica junto aos trabalhadores. A encíclica seguinte chegou quarenta anos depois. De época em época os papas retornavam às questões sociais e publicavam suas orientações/compreensões sobre a vida social. Essa história revela, diferentemente do que se possa pensar, algumas posturas particulares em relação a certa interpretação fixista da tradição católica. Primeiro, a percepção da historicidade dos problemas e das mudanças de contextos. Segundo, a necessidade de se pensar esses contextos e, de novo, lançar sobre ele luzes retiradas da fé visando ações concretas por parte dos cristãos. Terceiro, a experiência concretíssima do sentido profundo de tradição, como transmissão que se vai adaptando no tempo e no espaço. Quarto, o diálogo direto ou indireto com as categorias de análise da realidade fornecida pelas ciências humanas. Ao concluir a introdução da *Laudato Si'*, Francisco ressalta que os conteúdos ali expostos são temas que "nunca se dão por encerrados nem se abandonam, mas são constantemente retomados e enriquecidos" (16). Essa afirmação da necessidade de atualização da doutrina social já havia sido feita pela constituição *Gaudium et Spes* ao concluir suas reflexões (cf. 91). Era necessário prosseguir e ampliar a doutrina nos tempos posteriores, sabendo das mudanças rápidas e complexas da história nos tempos modernos.

A Doutrina Social da Igreja revela por si mesma o vínculo necessário entre a mensagem cristã e os contextos sociais. As consequências hermenêuticas (o círculo hermenêutico entre fé e realidade social) dessa premissa são de grande valor para a compreensão da vida cristã com sua tradição: o depósito da fé se relaciona com o depósito da vida, bem formulou Francisco (cf. *Discurso de abertura do Sínodo para a Família 2015*). A *Laudato Si'* leva adiante esse movimento dialético entre a fé e a vida, entre o Evangelho e a sociedade. Contudo, seu objeto é inédito e na conjuntura atual significa a tomada de consciência mais explícita da Igreja sobre as questões nele envolvidas, tais como: uma visão sistêmica da realidade da vida, produto endógeno do planeta terra; uma visão sistêmica da realidade humana feita do biológico, do econômico, do social, do cultural e do espiritual; uma visão orgânica que integra sociedade e indivíduo; uma visão ecumênica da relação entre as tradições, as culturas e as religiões; uma visão crítica das causas econômicas geradoras da destruição do planeta; uma visão da função transformadora do Evangelho; e uma visão estratégica que exige união de todos na busca de saídas urgentes para a crise planetária.

Pode-se dizer que, com a *Laudato Si'*, o pensamento social da Igreja chegou à maior extensão de seu objeto, a terra; à maior profundidade de sua crítica, o sistema capitalista; à mais ampla articulação teórica, ao integrar os diversos conhecimentos; e ao mais amplo ecumenismo, que coloca em diálogo pensadores católicos e não católicos, cristãos e não cristãos. As encíclicas anteriores, dentro dos limites da consciência possível, reproduziam posturas mais tradicionais e análises mais comportadas da realidade. Além de sua linguagem simples e direta, que recusa abstrações teóricas, o discurso da *Laudato Si'* dispensa rodeios políticos e toca diretamente nas causas da destruição do planeta. É uma reflexão que expressa a maturidade alcançada pelo pensamento social da Igreja com Francisco, na medida em que encara os problemas atuais do mundo globalizado e dialoga com a diversidade de mediações: analisa os efeitos e detecta as diversas causas dos problemas, dialoga com as diversas abordagens e visões sobre o assunto e demarca com clareza a posição da Igreja diante das questões ali postas. O social está compreendido e situado não como questão isolada nem está examinado em um de seus aspectos, mas alocado dentro de uma realidade maior, na qual tudo interage de maneira complexa. Essa perspectiva teórica e ética supera aquelas eclesiocêntricas que falam majoritariamente a partir da tradição católica, aquelas dogmáticas que muitas vezes dispensam o diálogo e aquelas diplomáticas que evitam o confronto direto. Por certo, essas posturas e esses horizontes abertos não permitirão à Doutrina Social voltar atrás em relação às suas críticas, como aquelas feitas por Leão XIII na *Rerum Novarum* não permitiram recuos, ao contrário, levaram a novas construções.

b) A estruturação do texto

No item referente ao método já foi analisado o caminho geral da encíclica e os seus pontos de chegada. Já se verificou ali que o método e a estrutura geral estão diretamente relacionados. Os capítulos nascem da necessidade de expor as análises nos três momentos: do ver, do julgar e do agir. Nesse item se pretende examinar a estruturação de fundo desse conjunto a partir de três categorias: a perspectiva fundamental, a articulação teórica e as categorias centrais.

A perspectiva. A perspectiva da fé rege, evidentemente, o texto no conjunto e nas partes, embora não esteja muitas vezes presente nos conceitos que estruturam os capítulos e que aparecem na superfície do texto. Trata-se da perspectiva da fé pensada, a teologia, mas também da fé vivenciada, a espiritualidade e a pastoral. Em todas elas há escolhas de paradigmas, de modelos epistemológicos, no caso da teologia, e de modelos de vida espiritual e de metodologias pastorais a serem adotadas. A perspectiva teológica adotada pode ser vista em três aspectos mutuamente implicados na análise. O título do Capítulo

II – "O Evangelho da criação" – não é somente belo; ele revela esses aspectos quando situado no âmbito mais amplo dos paradigmas teológicos: a) O primeiro aspecto pode ser verificado na superfície do texto que compõe o capítulo (nos tópicos, nos temas e no seu conjunto). A abordagem é essencialmente bíblica: retira da economia da salvação os elementos que permitem compor uma pequena suma teológica da questão ecológica. Ancorada no Primeiro e no Segundo Testamento, a análise induz os conceitos teológicos de "mistério do universo", "harmonia da criação", "comunhão universal" e "destino comum dos bens". O método é indutivo, parte-se da história da revelação para se chegar aos conceitos, e não o contrário, como procedia e procede a regra escolástica. A teologia bíblica responde, assim, pelo momento inicial do *julgar* como a fonte principal da reflexão da fé. Não se recorre às fontes da tradição, como normalmente se procede nos documentos do Magistério. Deliberada ou não, essa abordagem favorece o diálogo com outros interlocutores cristãos, na medida em que permanece no território das fontes escriturísticas comuns; b) O segundo aspecto da perspectiva teológica diz respeito à cosmovisão geral da criação. De um modo geral, a abordagem teológica trilha um caminho distinto daquele usual da teologia clássica agostiniana que esquematiza a realidade como criação-queda-redenção. Prevalece explicitamente uma visão positiva da criação como o grande dom do amor de Deus (76), sendo cada criatura um sinal desse amor (84) e toda a criação chama à comunhão (89). A criação, embora marcada pelo pecado do ser humano que leva à destruição da terra (2), não é decadência, mas caminho para a comunhão com Deus, quando tudo se completará no próprio mistério divino (243); c) O terceiro dado, decorrente do anterior, e que rege a perspectiva, é a teologia das realidades terrestres. Nas pegadas de Teilhard de Chardin, diz o papa que "a meta do caminho do universo situa-se na plenitude de Deus, que já foi alcançada por Cristo ressuscitado, fulcro da maturação universal" (83). Cristo é o alfa e o ômega do universo criado.

O ser humano, pela inteligência e pelo amor, se insere na criação como sujeito responsável que, atraído pela plenitude do Cristo, é chamado a conduzir todas as coisas ao Criador. Com efeito, a natureza e a história humana possuem uma ordem autônoma; regem-se cada qual por leis imanentes que, longe de dispensar as finalidades éticas, clamam por metas e estratégias comuns capazes de conduzir a humanidade para um futuro sustentável e para uma convivência feliz. E as religiões, sem qualquer ingerência nessa ordem autônoma, podem, com suas potencialidades éticas, contribuir para a construção de caminhos de sustentabilidade planetária (201).

A articulação. A perspectiva teológica oferece o pressuposto, o fundamento e a finalidade última do percurso reflexivo apresentado e, por conseguinte, do percurso ético sugerido. É sobre esse eixo implícito e explícito que a trama reflexiva é construída. Pode-se dizer que o esquema fundante é o da criação como sistema aberto (cf. MOLTMANN, 2007, p. 51-75): o Deus que cria e continua criando, o ser humano como cocriador, Cristo como centro da criação e potencializador da ação humana e como meta do processo em curso. Sobre esse eixo o texto se articula no todo e nas partes. As categorias científicas oferecem as mediações para as análises e se mostram na maior parte como trama visível, como matéria-prima que preenche a estrutura teológica que formata o conjunto. Para quem queira, por alguma razão, dispensar a perspectiva teológica, o discurso se sustenta em sua linguagem científica, ao menos nos Capítulos I, III e IV. Nesse sentido, pode-se dizer que se trata da mais científica das encíclicas papais; a mais interdisciplinar, pela interação que faz com as várias ciências convidadas para elaborar o momento do *julgar* (Capítulos III e IV) juntamente com a teologia da criação. E para os que prezam a precisão epistemológica, pode-se afirmar que o resultado é, de fato, uma teologia transdisciplinar, na medida em que as múltiplas abordagens se fundem de maneira orgânica, produzindo um resultado final coerente e consistente.

As categorias centrais. O conceito de "ecologia integral" (Capítulo IV) poderia ser afirmado como o mais central de toda a *Laudato Si'*. Ele agrega os meios analíticos (as diversas ciências) e os fins éticos (a *casa comum*) como posturas inseparáveis que afirmam duas dimensões humanas fundamentais, a da racionalidade e a dos valores. Agrega também a perspectiva místico-poética com a racional, que segura a objetividade do discurso, salvaguardado o humano que sente e pensa. Assegura também a ligação inseparável entre as ordens coletiva (a natureza biológica, a economia, a sociedade, a política) e individual como dimensões de um todo inseparável, sendo a *casa comum* uma meta que exige a conversão dos sistemas econômico, social e político e a conversão de cada indivíduo. Em torno da ecologia integral se articulam, portanto, as mediações da grande conversão: a mudança do sistema econômico, a mudança das práticas culturais do consumo, a mudança de comportamento em todas as relações humanas e a mudança espiritual. Por fim, as grandes categorias que definem as interpretações do ser humano sobre a realidade – o teocentrismo, o antropocentrismo e o biocentrismo – são retiradas de seus isolamentos e de uma sequência linear e colocadas numa relação de complementariedade mútua e numa sincronicidade integradora. Deus é a transcendência que tudo integra em seu mistério: a natureza – o sistema terra –, a imanência totalizante que integra a diversidade em sua unidade, e o ser humano – uma parte consciente, autônoma e ativa desse todo –, que tem a responsabilidade pela condução da terra para etapas mais sustentáveis. O conceito de ecologia integral possui uma ligação direta com o teólogo Leonardo Boff, com quem Francisco travou diálogo no momento de elaboração da encíclica (cf. BOFF, 1995; entrevista disponível em <http://www.ihu.unisinos.br/entrevistas/543662-ecologia-integral-a-grande-novidade-da-laudato-si--qnem-a-onu-produziu-um-texto-desta-natureza-entrevista-especial-com-leonardo-boff>, 18 de junho de 2015).

Na busca das categorias centrais não poderia ser esquecida a própria palavra do papa que resume didaticamente os eixos que perpassam toda a encíclica. Cada um dos eixos traz dentro de si categorias interpretativas utilizadas pelo documento, conforme explicita o número 16. Ao reproduzi-las literalmente, essas possíveis categorias estão sinalizadas em *itálico*, sob a inteira responsabilidade do autor que vos escreve. O leitor examine cada uma delas:

> [...] a *relação* íntima entre os *pobres* e a fragilidade do *planeta*, a convicção de que *tudo* está estreitamente *interligado* no mundo, a crítica do novo paradigma e das formas de *poder* que derivam da *tecnologia*, o convite a procurar outras maneiras de entender a *economia e o progresso*, o valor próprio de *cada criatura*, o sentido *humano* da ecologia, a necessidade de debates sinceros e honestos, a grave *responsabilidade da política internacional* e local, a *cultura do descarte* e a proposta de um *novo estilo de vida*. [...]

PARTE V

SOB O OLHAR DE FRANCISCO

A dinâmica da recepção se inscreve nos processos eclesiais, particularmente no tocante à relação entre a orientação oficial do Magistério e as respectivas interpretações e acolhidas pelo conjunto do Povo de Deus. Não há, realmente, uma passagem direta da orientação para a prática, nem mesmo uma adesão imediata ou na totalidade daquela orientação oficial (cf. CONGAR, 1997, p. 253-297). Todos os concílios se depararam com a problemática de suas recepções, chegando a ponto de um concílio ter a função de recepcionar o anterior. Em termos técnicos, na relação entre a *norma fidei* construída pelo Magistério e o *sensus fidei* vivenciado pelo povo há distâncias, práticas ou teóricas, que devem ser percebidas e trabalhadas na busca de uma comunhão de ideias e de práticas.

A recepção das orientações renovadoras do Papa Francisco, como já foi verificado, passa por caminhos diversos dentro e fora da Igreja. A conjuntura eclesial atual – as estruturas, as regras, os fluxos, as mentalidades e os sujeitos – reproduz o modelo da identidade católica (a Igreja *que fica*) e constitui um campo de forças veladas ou explícitas em relação às chamadas reformadoras de Francisco.

A recepção morna de suas declarações, constatável na maioria das instâncias dirigentes da Igreja, expressa essa conjuntura e tende a reproduzi-la por um bom tempo. A Igreja que "olha para a humanidade de um castelo de vidro" (carta ao grão-chanceler da PUC-Argentina, 3 de março de 2015) tem imensa dificuldade em "sujar-se da realidade". A cultura estética (cf. LIPOVETSKY; SERROY, 2015) que perpassa as nossas vidas sob todos os aspectos induz a Igreja a uma beleza asséptica: liturgias pomposas ou emocionais, vestimentas e ornamentos, espetáculos e pregações virtuais etc. A recepção estética do Evangelho ganha força e expressão na Igreja atual, por meio de linguagens antigas (estéticas medievais e tridentinas) ou novas (linguagens de *shows* e *performances*) e, muitas vezes, numa curiosa mistura das duas.

Como é próprio da cultura estética, a afirmação da aparência de bem-estar prevalece sobre o enfrentamento do conflito. A estética constitui o filtro dos apelos éticos e políticos e, por conseguinte, a condição cultural de suas sobrevivências como valores dos indivíduos, primeiros e últimos receptores de todo discurso.

A postura e as chamadas de Francisco são apelos éticos para a comunidade eclesial e a sociedade atuais. A reforma inadiável da Igreja e a busca da *casa comum* são propostas que não provocam bem-estar naqueles que estão ajustados na instituição eclesial e naqueles que estão ajustados na cultura de consumo. Ao contrário, elas soam como incômodas e irritantes para os bem-ajustados da Igreja e do mundo. E não faltarão aqueles que verão nelas heterodoxia e heresia. As boas-novas que ecoam do "coração do Evangelho" se chocam com as boas-novas da sociedade atual. Francisco repete a voz profética que clama no deserto (cf. Is 40,3; Jo 1,23) e que não é bem recebida em sua própria casa (cf. Lc 4,24). Esse realismo que vem da fé se reforça com o realismo que vem da razão que observa e analisa os fatos. Nenhuma instituição tradicional e burocraticamente estável gosta de reformadores que venham desestruturá-la. Também pessoas satisfeitas chamam de pessimistas àqueles que apontam para os problemas inerentes em suas vidas estáveis. Os dois capítulos que seguem acolhem e confrontam algumas palavras do papa na realidade atual. São esforços de interpretação e aplicação de suas orientações em temáticas específicas desenvolvidas em diferentes contextos e com distintos objetivos. Nesse sentido, conceitos já trabalhados e passagens já referidas anteriormente se encontram aqui repetidos. O contexto é o de aplicação concreta, de reflexões sobre a realidade sob o olhar de Francisco. Assim, as linguagens exortativa e pastoral prevalecem sobre a linguagem acadêmica até agora utilizada nas análises feitas. O contraste que se poderá verificar nas reflexões não pretende, de forma alguma, criar dualismos entre as posturas do papa e a realidade atual, ou entre o Evangelho e o mundo. Ao contrário, significa a busca de um olhar realista que quer tomar consciência da terra onde se pode semear suas palavras. Prevalece, antes de tudo, a esperança da germinação, ainda que lenta e quase imperceptível.

1

A *IGREJA EM SAÍDA* E A EVANGELIZAÇÃO

"Tudo isso eu faço por causa do Evangelho" (1Cor 9,23). A passagem do apóstolo Paulo expressa a sua postura de anunciador do Evangelho e de construtor da própria identidade cristã na fronteira cultural e religiosa do Judaísmo e do mundo helênico, mas também na fronteira existencial que exige tornar-se fraco com os fracos, bem como na fronteira da própria personalidade: tornar-se tudo para todos. A Boa-Notícia de Jesus Cristo é um processo de vida que liga indelevelmente o *eu* e o *outro*. Nessa relação se constrói o sujeito cristão: um indivíduo livre inserido em uma comunidade de iguais. Sem se reduzir a um *eu salvo individualizado* ou a uma coletividade que anula o eu, o sujeito cristão se faz na relação; é o indivíduo livre e responsável que se torna seguidor de Jesus Cristo. A comunidade é o lugar dessa relação constitutiva. Nem individualismo nem comunitarismo (cf. COMBLIN, 1994, p. 15-43). As palavras do apóstolo são paradigmáticas para a vida cristã de ontem e de hoje e encontra nos dias de hoje uma situação sociocultural contrastante. A Igreja missionária *em saída* cria e exige sujeitos cristãos autênticos que superam todas as formas de individualismo, assim como de comunitarismos de moldura tradicional ou contemporânea. Paulo nega a formatação tradicional judaica e o individualismo grego que tudo delega a uma *psiqué* em busca de si mesma, mediante a iniciação num sistema de sabedoria que a liberta da ignorância e a conduz à felicidade. O seguidor de Jesus Cristo cresce nas pegadas de sua pessoa e se personaliza à medida que vive com os outros na comunidade, quando se torna, então, membro do mesmo Corpo de Cristo. Essa sociabilidade cristã é ainda regra de vida para todos, ainda que se torne soterrada pelo peso da instituição eclesial, impossibilitada pelo individualismo consumista e religioso ou esquecida pelos grupos eclesiais sectários que negam a liberdade individual em nome da segurança da regra comum.

A reflexão desenvolvida neste item será encaminhada em três momentos que pretendem expor os desafios da realidade, focar no significado do Evangelho encarnado nessa realidade e tirar alguns parâmetros para a vivência da Boa-Nova no mundo de hoje; o diálogo entre as análises sociais e as fontes bíblicas tecerá as considerações com o intuito de pensar o Evangelho dentro das condições históricas atuais. O Evangelho é um caminho de verdade e de vida, e não um conjunto de doutrina ou de ideias. A construção desse caminho de seguimento de Jesus Cristo vivo na história pressupõe fé, escolha, adesão e ação de cada seguidor em cada tempo e lugar. A vida no Evangelho exige, portanto, olhar para o passado e para o presente concomitantemente, discernir a verdade transmitida no provisório da história e acolher o Espírito e a carne como dimensões de uma única realidade.

Os desafios da sociedade atual

Estamos inevitavelmente inseridos na sociedade e na cultura de nosso tempo. Quem nega esse dado corre o risco de hipocrisia, na medida em que nos fazemos socialmente desde as condições básicas da produção da vida. Nosso modo de viver se dá dentro de certas condições fundamentais que se impõem sobre nós, sobre nossas práticas, nossas imagens e nossas convicções. As resistências culturais, legítimas ou não, constituem, na verdade, alternativas subculturais inseridas em uma cultura maior e hegemônica e dela dependem necessariamente. Esse dado se torna mais real na era da tecnologia que tudo embasa, da comunicação que vincula a todos mundialmente e do consumo que, em maior ou menor grau, inclui a todos em seus processos. Há uma cultura-mundo que inclui a todos, ainda que de maneira desigual ou perversa. Ninguém pode se declarar fora dessa cultura, mesmo que nela esteja inserido de modo seletivo ou parcial. Diz Francisco que, "como filhos dessa época, todos estamos de algum modo sob o influxo da cultura globalizada atual, que, sem deixar de apresentar valores e novas possibilidades, pode também limitar-nos, condicionar-nos e até mesmo combalir-nos" (EG 77).

Não se trata de fugir do mundo nem de se deixar absorver de modo passivo por sua lógica. O cristão vive no mundo sem ser do mundo, sem mundanizar-se, diria Francisco (cf. EG 93-97). Vive dentro da realidade, porém discernindo nela os valores e buscando transformá-la segundo o Evangelho. Portanto, é necessário saber entender como a realidade maior – a sociedade e a cultura mundializadas – está estruturada e como ela funciona para que o cristão possa demarcar sua própria identidade nessa relação inevitável, necessária e desejável. Fora do mundo não há cristão, porque fora dele não há ser humano nem religião.

a) A raiz individualista da cultura atual

A cultura planetária está estruturada em dois aspectos de um mesmo processo global: o sistema financeiro que rege as economias do ponto de vista dos mercados (na produção e circulação dos produtos) e o consumo que inclui a todos em práticas de vida cada vez mais comuns. O primeiro aspecto é onipotente, onipresente e transcendente; está em toda parte e em lugar nenhum, uma vez que não tem endereço e nome determinado, domina implacavelmente a vida dos povos e dos Estados, com suas valorações e índices; o segundo é disseminado e inclui todos os indivíduos e povos, ainda que de modo assimétrico. Todos são, de algum modo, consumidores.

Alguns tentam resistir e consumir o necessário. A maioria se encaixa na lógica do desejo-satisfação na medida em que consomem fielmente os produtos sempre renovados. A produção-consumo encontra no indivíduo o oceano impreenchível que acolhe suas torrentes incessantes, renovadas e volumosas. O indivíduo isolado em sua autossatisfação e na busca de bem-estar sempre maior e com esforço sempre menor agiliza o mercado. Sem mercados consumistas robustos o sistema produtivo entra em crise. Sem consumo entra em crise o comércio, em seguida a indústria, em seguida os blocos econômicos regionais, em seguida o mercado global. A cultura de consumo (cf. LIPOVETSKY, 2008) é, de sua parte, o modo de vida centrado nas escolhas e nas práticas individualizadas e cuja regra primordial é o bem-estar do eu. Dessa atitude provêm a busca incessante e a satisfação efêmera, o juízo estético sobre as escolhas, a indiferença em relação ao que escapa do prazer e a rejeição do ético que exige altruísmo, esforço e disciplina. O hedonismo se torna o valor máximo que criva todas as escolhas: a dos produtos materiais e simbólicos, a dos relacionamentos e dos serviços, as escolhas políticas e religiosas.

A cultura de consumo constitui um sistema que integra, portanto, de modo perfeito, a alma humana e a lógica do mercado. Na sequência dos dinamismos complementares concretizados no esquema *desejo-produção* => *satisfação-consumo* => *novo desejo-novo produto* => *satisfação-consumo*..., o mercado faz girar seu ciclo virtuoso e a alma humana se renova em sua busca de satisfação. A regra da efemeridade é inerente aos dois: a insatisfação permanente renasce a cada necessidade realizada mediante o desejo que se renova; o produto de mercado caduca rapidamente e exige uma nova versão para continuar sendo lucrativo. Tudo se torna obsoleto com extrema rapidez e o novo é anunciado como o perfeito que vai chegar. A estética se mostra messiânica: oferece felicidade em suas aparências sempre renovadas e aperfeiçoadas. É promessa de salvação da alma insatisfeita, é consolo para o espírito satisfeito-insatisfeito e salvação do mercado que precisa produzir sem parar, animar a indústria e intensificar o comércio. Um sistema perfeito e integrador que amarra o econômico macro e o micro, a cultura do espírito e da matéria, o coletivo e o individual.

O que resta nesse ciclo veloz? O indivíduo com sua insatisfação em permanente busca de satisfação. Essa dinâmica é o ponto de partida e de chegada do mercado que vai individualizando cada vez mais os seus produtos com sofisticadas tecnologias, com diversidades funcionais e com aprimoradas estéticas. O eu fechado em si mesmo se torna o parâmetro único de valor, fora do qual não há salvação. Tudo o mais se liquidifica. O único absoluto sólido é o próprio eu satisfeito. A sociedade se dessocializa no anonimato e na massa sem forma, a política se despolitiza no relativismo de posturas ideológicas, as instituições se desinstitucionalizam (cf. TOURAINE, 1999, p. 49-57) nas decisões individuais, a ética se esteticiza em práticas morais consoladoras, as religiões se espiritualizam em práticas emocionais e em êxtases que conduzem o eu para encontros transcendentais consigo mesmo na busca da integração perfeita e da realização absoluta de si mesmo.

b) Expressões ou reações

Há expressões sociais e culturais do individualismo que mostram formas de vida diferenciadas, ao menos em suas propostas grupais e em suas regras comuns. Para alguns, seria a busca de sólidos dentro do mundo líquido, para utilizar a metáfora já corriqueira de Bauman (cf. 2009). Para outros, nada mais que expressões do mesmo indivíduo que busca formas de se agregar para garantir sua existência e sua satisfação. Os tradicionalismos e os comunitarismos hoje em alta e com velhos e novos formatos constituem, com efeito, retornos a formas pré-modernas de vida, em nome da crise trazida pela modernidade relativista e individualista. Há os que se vestem de passado na regra de vida e na estética, os que se associam em grupos isolados que se definem em oposição ao mundo e criam linguagens endógenas para se organizar e instituir as relações de seus membros. De qualquer modo, trata-se da busca de segurança que dispensa o risco da escolha, o trabalho do discernimento e a decisão pessoal. A regra comum se impõe sobre a autonomia. Não há um sujeito construído na autonomia e na ação. Para alguns, apenas membros de uma coletividade tirânica; para outros, indivíduos agregados que buscam nos outros o meio de satisfazerem a si mesmos. Em todos os casos, a consciência de si, a autonomia, a transitividade e a ação criativa e crítica ficam descartadas. A estética grupal se torna regra para todos e distingue o grupo dos demais. O culto à autoridade e à norma instituída se torna um absoluto que se sobrepõe aos processos de crescimento pessoal e ao diálogo com as diferenças. Assim se organizam as tribos urbanas, as seitas fundamentalistas, os grupos integristas e muitos grupos novos dentro da Igreja.

Os mundanismos dentro da Igreja

A Igreja reproduz essas tendências socioculturais. O individualismo, o tradicionalismo e os comunitarismos estão presentes em várias versões dentro da Igreja e podem ser vistos a olho nu. A volta do tradicionalismo foi se intensificando como estratégia de retomada da grande disciplina (cf. LIBANIO, 1984) abandonada pelo Vaticano II, segundo acreditavam aqueles que lutaram contra as renovações conciliares ou que posteriormente as avaliaram como equivocadas. A regra uniforme traria de volta a paz da Igreja pré-conciliar saudosamente relembrada. No lugar do sujeito eclesial adotado pelo concílio como base da eclesiologia fundamental da comunhão dos batizados e do Povo de Deus, entraram em cena estratégias em princípio antagonistas: o individualismo religioso, os grupos comunitaristas e os grupos tradicionalistas. Todos dispensaram o sujeito eclesial coletivo como perigoso ou como desnecessário, colocando no lugar do povo a autoridade clerical, no lugar das experiências pastorais as regras comuns, no lugar da pluralidade de reflexão a teologia única, no lugar do discernimento a regra moral tradicional, no lugar da inserção cultural o discurso único do catecismo universal, no lugar da pequena comunidade a paróquia ou o movimento paralelo, no lugar da inserção social a vida interna da Igreja.

As formas de comunitarismo se diversificaram cada vez mais e adquiriram forças simbólicas como "novas comunidades", como movimentos, como associações ou comportamentos marcados pela distinção em relação ao mundo; alguns trazem uma forte espiritualidade individualista, outros retornam a rituais e a estéticas tradicionais. Em todos os casos, afirma-se uma identidade grupal que, pretensamente, oferece um porto seguro dentro do mundo relativista.

O Papa Francisco identifica com precisão essas tendências eclesiais na exortação *Evangelii Gaudium*. Fala de um acentuado individualismo quando "vida espiritual confunde-se com alguns momentos religiosos que proporcionam algum alívio, mas não alimenta o encontro com os outros, o compromisso no mundo, a paixão pela evangelização" (78). O isolamento individual pode excluir Deus, mas pode também "encontrar na religião uma forma de consumismo espiritual à medida do próprio individualismo doentio", postura que, mais do que o ateísmo, traz à comunidade dos crentes o desafio de responder à sede de Deus de muitas pessoas para que "não tenham de ir apagá-la com propostas alienantes ou com um Jesus Cristo sem carne e sem compromisso com o outro" (89).

Continuando sua análise, Francisco detecta na Igreja tendências que denomina "mundanismo espiritual", tendências que se escondem por "detrás de aparências de religiosidade e até mesmo de amor à Igreja". E faz um retrato desses comportamentos em duas direções que expressam as antigas heresias do Cristianismo, sendo ambas as manifestações de um "imanentismo antropocêntrico". A primeira, que denomina de gnosticismo, compreende a fé fechada no subjetivismo, onde "apenas interessa uma determinada experiência ou uma série de raciocínios e conhecimentos que supostamente confortam e iluminam, mas, em última instância, a pessoa fica enclausurada na imanência de sua própria razão e dos seus sentimentos". A segunda é o "neopelagianismo autorreferencial e prometeico" daquele que só "confia em suas próprias forças e se sente superior aos outros por cumprir determinadas normas ou por ser irredutivelmente fiel a certo estilo católico próprio do passado. É uma suposta segurança doutrinal ou disciplinar que dá lugar a um elitismo narcisista e autoritário, onde, em vez de evangelizar, se analisam e classificam os demais e, em vez de facilitar o acesso à graça, consomem-se as energias a controlar" (94).

Essa reprodução social significa um esquecimento daquilo que distingue eticamente o Cristianismo da cultura predominante. Pode-se dizer que ocorre uma rotinização do carisma cristão, que vai sendo pouco a pouco tragado ou traduzido no padrão cultural dominante, tornando-se, então, nada mais que uma subcultura da cultura hegemônica, e termina inevitavelmente reforçando e legitimando essa cultura, embora em registro religioso. É quando uma pretensa fuga do mundo traindo a si mesma reforça a perpetuação dos padrões culturais dominantes completamente distintos e distantes do carisma cristão.

O Evangelho no mundo de boas-novas eficientes

Ninguém duvida da eficiência do mundo moderno, com suas facilidades tecnológicas, com suas ofertas incessantes de bem-estar e com suas promessas de felicidade. Vivemos em um regime de realização e de promessas que traz toda reserva utópica e exige confiança sempre renovada. O que escapa desse consumo imediato de felicidade se torna desnecessário e tende a desaparecer. O que não contribui para o bem-estar máximo com o menor esforço é dispensado como arcaico e vai se tornando objeto da mais absoluta indiferença. Cria-se cada vez mais uma cultura da indiferença. Só é boa-notícia o que reforça o ciclo do consumo imediato. O grande evangelho é hoje escrito pela propaganda, lido pelos indivíduos na vida privada, familiar e pública nos mais diversos signos, vinte e quatro horas por dia e vivenciado pelos consumistas ávidos de felicidade. Trata-se de uma boa-notícia que se renova com imensa velocidade e eficiência e de forma incessante. Toda mensagem consegue comunicar sua verdade se entrar nessa dinâmica; do contrário, será descartada, mesmo sem ser de fato compreendida e menos ainda discutida. Como explica Lipovetsky, essa é uma oferta de *felicidade paradoxal* (cf. 2008) por não realizar o que promete, na medida em que se renova incessantemente, exigindo a adesão à nova felicidade anunciada, e assim sucessivamente. Uma jaula de ouro cintilante! Mas também poço de liquidez que tudo submerge e correnteza do efêmero que desliza sem deixar efeitos duradouros para os desejos humanos. Essa caducidade inerente à lógica dos produtos que devem ser consumidos se renova religiosamente nos ritos religiosos efervescentes que prometem sempre de novo a prosperidade e a felicidade mediante uma espiritualidade hedonista.

Nesse contexto, não haverá dúvida de que o evangelho líquido e hedonista tende a atrair adeptos. Os números desses fiéis continuarão crescendo. Enquanto houver promessa de felicidade nos produtos tecnológicos individualizados e oferta efetiva dos mesmos, os evangelhos da felicidade individual continuarão fazendo sucesso. De outro lado, o evangelho fossilizado se apresenta como salvação da efemeridade, como sólido que oferece verdade e segurança. Esse é o mundo real em que estamos vivendo como cristãos, e dentro dele devemos discernir os sinais dos tempos, sem medos e sem ingenuidades. O apóstolo Paulo vivenciava o desafio do Evangelho no contexto judaico-helênico. Os judeus pediam sinais, haviam tornado uma religião fossilizada no passado e ávida de milagres, particularmente do grande milagre do Messias enviado por Deus em poder e glória. Os gregos ofereciam o caminho da libertação da alma individual pelo conhecimento. O Cristianismo oferecia Cristo crucificado, poder de Deus revelado na fraqueza (cf. 1Cor 1,22-25). Um escândalo e uma loucura. Na *oikoumene* do mercado mundializado e da cultura de consumo podemos dizer que os indivíduos consumistas pedem prazer, os tradicionalistas e comunitaristas pedem segurança, o Cristianismo continua oferecendo Jesus crucificado, poder de Deus que nos chama para a consciência de nossa precariedade, da fugacidade do desejo e da ilusão da felicidade. O Cristianismo continua convocando para a misericórdia para com os que sofrem e para a solidariedade com o outro. A realidade da pobreza e do sofrimento nunca foi tão redentora como em nossos dias: aponta para a falsidade da boa-nova do consumismo. No mesmo bojo cultural, o individualismo apresenta seus limites. As drogas mostram como o desejo de felicidade plena pode conduzir para a destruição do eu, sobretudo na juventude. O hedonismo vivenciado no excesso e na gula resulta em uma população mundial doente pelos males da obesidade. O exercício da sexualidade sem ética destrói os laços de reciprocidade e das famílias e cria gerações de filhos carentes e doentes por falta de amor. A destruição do planeta aponta para as consequências coletivas e sistêmicas do consumismo gestado em seu processo, mas sem solução em seus resultados residuais que vão matando o planeta.

O anúncio do Evangelho continua sendo o do apontamento das cruzes deixadas à beira da estrada da cultura de consumo em volumes assustadores. Os evangelhos que escondem as cruzes, fugindo do mundo e refugiando-se no eu satisfeito, matam o Evangelho de Jesus Cristo. "Fechado em si mesmo o homem não aceita o que vem do Espírito de Deus" (cf. 1Cor 2,14). O anúncio da cruz significa desvelar os reversos da felicidade no sofrimento de homens e mulheres e do sistema terra de hoje. Esconder as contradições é negar a cruz. A ressurreição sem cruz é falsa; em termos sociológicos, é ideologia que esconde as contradições da realidade; em termos teológicos, não redime a criação em sua condição real. A cruz permanece escandalizando o mercado da satisfação plena; falar de pobreza e sofrimento, considerar o outro como valor em si mesmo e que chama para uma relação de reciprocidade ética é loucura para os indivíduos satisfeitos em si e consigo mesmos.

As palavras do Papa Francisco são diretas e exigentes a esse respeito:

> Às vezes sentimos a tentação de ser cristãos, mantendo uma prudente distância das chagas do Senhor. Mas Jesus quer que toquemos a miséria humana, que toquemos a carne sofredora dos outros. Espera que renunciemos a procurar aqueles abrigos pessoais ou comunitários que permitem manter-nos à distância do nó do drama humano [...] (EG 270)

O evangelho das instituições, da identidade e da segurança

As instituições vivem uma dialética de desinstitucionalização (sobretudo aquelas públicas) e reinstitucionalização (os grupos sociais e políticos que se apresentam com suas identidades contrastantes e autoritárias). A democracia formal, a escola, a família com suas éticas públicas foram se desgastando em suas promessas e também em suas regras sociais e políticas. A tradição reproduzida por essas instituições perdeu suas forças normativas. E as instituições vivenciam uma espécie de perda de função referencial para a vida de um modo geral. É como se existissem por si mesmas. A confiança moderna foi se deslocando do campo das instituições para o campo da sociedade tecnológica e de consumo. Tudo funciona e funcionará bem, acredita a sociedade moderna (cf. GIDDENS, 1991). É sobre esse credo latente e disseminado que as estruturas modernas funcionam, sem ter de demonstrar suas credenciais. No entanto, sem as velhas seguranças tradicionais e institucionais, sobram inseguranças morais e existenciais. É quando a solução retomada do passado se torna tábua de salvação, boa-nova sólida no mundo líquido (cf. BAUMAN, 2009). A norma, a doutrina e a autoridade são oferecidas como verdades certas que garantem identidades, rumo e salvação na sociedade relativista.

Aqui ressoa o Evangelho paulino da liberdade. *Foi para a liberdade que Cristo nos libertou* (cf. Gl 5,1). A obediência à lei não liberta porque reproduz personalidades infantis, incapazes de discernir por si mesmas e agir por si mesmas. Paulo percebe esse limite social e político no legalismo judaico insistente na comunidade cristã. A adesão à norma pela norma, a repetição literal de sua forma, a vivência cega de seu conteúdo e a dinâmica de sua conservação instauram uma coerção da objetividade instituída e acabada sobre a subjetividade aberta a ser construída no jogo da opção livre, da interiorização do valor e da vivência do mesmo. A tradição é coercitiva, impõe a adesão à sua norma. A fé é livre, exige renovação permanente na direção da identificação com o Mestre na busca da perfeição e na vivência simples e difícil da lei do amor. A instituição oferece a resposta. A fé conduz para a busca. A norma rígida chama para seu conteúdo e nele encerra a verdade e a vida das pessoas. Ser fiel à instituição é reproduzi-la no comportamento individual. Já não há mais distinção entre o indivíduo e a objetividade institucional. A personalidade enquadrada nas referências tradicionais e nas normas da instituição é uma mera representante da ordem; é repetição do igual dispensada de ser ela mesma e de construir a si mesma no jogo da liberdade e do condicionamento externo. Está igualmente dispensada de considerar os apelos das diferenças que vêm do outro distinto, da cultura distinta, da religião distinta. A normatividade encerra em sua objetividade toda resposta e toda salvação. E toda distinção externa à sua identidade pronta e segura soa como ameaça, como inimigo e, no limite, como mal a ser evitado.

Esse é o evangelho da segurança e da identidade que hoje é oferecido pelos grupos de identidade segura, dentro e fora da Igreja. Nele todos são obrigados a aceitar, a aderir e a reproduzir a doutrina e a norma – sempre sinônimas de verdade e salvação – e dispensados até mesmo de amar verdadeiramente o outro que se apresenta sempre como distinto, como apelo ou como grito de socorro.

As ortodoxias e os grupos fechados oferecem a segurança que vem do passado, da norma e da obediência e dispensam a construção permanente do sujeito cristão, ou seja, do seguidor de Jesus Cristo, consciente de sua condição, livre em suas escolhas, transitivo em seu relacionamento e ativo na comunidade de fé. O Evangelho não pode ser engessado pela doutrina exata e fixa que dispensa a busca da verdade na teoria e na prática. Ao evangelho da segurança vale a observação de Francisco no encerramento do Sínodo para a Família 2015. Sobre o significado do evento, dizia que "testemunhamos a todos que o Evangelho continua a ser, para a Igreja, a fonte viva de novidade eterna, contra aqueles que querem 'endoutriná-lo' como pedras mortas para as jogar contra os outros".

A doutrina sem vida é hoje rejeitada pela sociedade de um modo geral. As verdades que excluem as diferenças são deixadas de lado como preconceitos, ainda que sejam repetidas em nome de uma tradição de fé. O direito à diferença é um sinal dos tempos, uma versão social da misericórdia cristã que acolhe a todos sem distinção e apresenta o perdão como caminho indispensável para a vivência do seguimento de Jesus Cristo. Somente no testemunho do amor é que o Cristianismo poderá se apresentar como mensagem e modo de vida capaz de salvar a humanidade em tempos de narcisismo institucionalizado pelo mercado de consumo.

Ser sal da terra

O carisma do Evangelho não é nem fuga nem reprodução do mundo, ou seja, das tendências predominantes em uma determinada época e lugar. Não há outro lugar para o ser humano a não ser o mundo real com todas as suas condições concretas: a produção da vida material e simbólica. Os que entendem a Igreja como fuga ou oposição ao mundo se alienam em uma ideia falsa de isolamento, de autossuficiência e de autorreferencialidade. Afinal, não há outro lugar a não ser o mundo. Evidentemente, todo projeto ético significa a adesão a um valor adotado como bem e que se coloca como meta ou fim a ser alcançado por um determinado grupo ou por sujeitos individuais. O Evangelho se inscreve nessa dinâmica: é valor que se adota como *caminho, verdade e vida* (Jo 14,6) e que se busca vivenciar como um projeto, ou seja, como ideal e como prática. Uma Igreja sem mundo é uma abstração e uma projeção. Uma Igreja sem Evangelho é uma empresa burocrática ou um grupo fechado em torno de rituais e regras. O Vaticano II definiu a Igreja nessa justa medida em relação ao mundo e ao Evangelho ao dizer que ela é sinal do Reino no mundo (LG 1, 48). A grandeza soteriológica e escatológica do Reino constitui a referência radical e final. A grandeza da história é o lugar do testemunho e do serviço da Igreja que se torna experiência antecipada do Reino, ou seja, da comunhão com Deus.

A comunidade eclesial desencarnada do mundo é uma traição ao Evangelho, além de ser uma mentira sociológica. Trata-se de uma mentira por constituir um grupo humano situado no tempo e no espaço como qualquer outro e sujeito às mesmas determinações dos demais. A traição ao Evangelho diz respeito à negação da missão encarnatória do Verbo de Deus que assumiu a condição humana concreta e constituiu o grupo de seus seguidores – a *ecclesia* – como seu corpo gerado pelo Espírito na história. O seguidor de Jesus Cristo não acredita em um *logos* desencarnado, mas em um Cristo que assumiu a carne humana e que sofre na carne concreta dos pobres e dos sofredores concretos. Quem não experimenta Deus na carne humana contingente e sofredora, concreta, dos indivíduos e grupos concretos, transforma Deus em uma ideia abstrata, em um conceito coerente, em uma fantasia bela ou em uma ideologia. Essa é a essência do Cristianismo, o que o distingue de outras tradições religiosas. Sem a concreticidade humana reveladora de Deus, pode haver muita religiosidade, muita teofania, muito milagre e muito êxtase, mas pouca ou nenhuma fé.

O Evangelho é convite à sensibilidade para com o ser humano; à solidariedade com a condição humana, particularmente com a condição mais vulnerável e sofredora; ao discernimento dos sinais de Deus nessa humanidade concreta que clama por vida. Cristianismo é encarnação, descida na condição do menor, inserção na vida do povo, doação de vida para que haja vida para todos. Esse é o desafio cultural da evangelização hoje. É mais fácil e cômodo criar formas virtuais de evangelizar que dispensam a carne que tem rosto, sexo, classe, cultura e idade, que tem fome, afeto, humor, dor e doença, que discorda, reivindica e critica.

Ser sal da terra (cf. Mt 5,13) significa se dissolver na realidade para dar a ela gosto, sabendo que nesse processo o sal é invisível e desaparece. No resultado da evangelização sobra a realidade concreta, o mundo permanece na sua concreticidade no tempo e no espaço, porém temperada com a Boa-Notícia, transformada em sua essência. O cristão é sal e não pedra sólida que se distingue da realidade e não se mistura com ela.

Ser luz do mundo

Ser luz do mundo (cf. Mt 5,14-16) significa encarar a escuridão; discernir o mundo e nele se posicionar sem medo. Essa metáfora diz respeito antes de tudo ao testemunho, à primeira forma de evangelizar, conforme ensinava Paulo VI (cf. *Evangelii Nuntiandi* 21). A fonte da luz que brilha vem do Evangelho; é nele que buscamos o fogo. Francisco fala do "coração do Evangelho" (cf. EG 34, 36, 130, 177 e 178). Essa é a fonte permanente da renovação das estruturas da Igreja e que permite hierarquizar preceitos e priorizar ações. A evangelização é um modo de se posicionar entre o Evangelho e o mundo, de confrontá-los permanentemente na busca da vida nova para todos. A Igreja se refaz na medida em que é capaz de sair de si em duas direções: à sua fonte primeira, o Evangelho, e ao seu lugar, o mundo. De ambos retira o sentido e os rumos da evangelização. O Vaticano II adotou como método precisamente esse duplo movimento, renovando, então, a visão de Igreja. Avançou na direção das fontes bíblicas e da tradição patrística e na direção do mundo moderno, buscando aprender com suas conquistas e dialogar com o pensamento e as ciências modernas. A leitura dos *sinais dos tempos* foi o Espírito e o método dos padres conciliares que exercitaram esse duplo movimento de leitura da realidade e de leitura da Palavra. As orientações conciliares resultaram desse duplo esforço de renovar a formulação da fé no tempo presente. A constituição *Gaudium et Spes* diz que, para desempenhar sua missão, "a Igreja, a todo momento, tem o dever de perscrutar os sinais dos tempos e interpretá-los à luz do Evangelho, de tal modo que possa responder, de maneira adaptada a cada geração, às interrogações eternas sobre o significado da vida presente e futura e de suas relações mútuas" (4).

    A Boa-Nova de Jesus Cristo não constitui, portanto, um texto ou, menos ainda, um conjunto de doutrinas formuladas de maneira fixa. É a vida de seu Espírito concedida aos homens e mulheres no hoje da história, sendo o texto um parâmetro dessa experiência, na medida em que encerra em sua mensagem um testemunho do passado. Nesse sentido, todo fundamentalismo – o do texto bíblico lido em sua literalidade ou o da doutrina repetida e sua formulação perene – mata a Palavra viva em nome de sua exatidão e pureza. O Verbo encarnado nos remete a todo momento para o provisório do tempo e do espaço e nega todo espiritualismo que afirma o definitivo em termos de ideias, de conceitos e de doutrina. Exige que se rompa com as estruturas fixas das instituições eclesiais que oferecem a garantia da verdade e da salvação e dispensa a vida concreta, a busca permanente da verdade e da vida, o crescimento no Espírito, a vivência do amor que faz conhecer Deus (cf. 1Jo 4,8).

O Papa Francisco insiste nessa postura de circularidade entre a Palavra e a vida. No *Discurso de abertura do Sínodo para a Família 2015*, insistia na necessidade de as reflexões considerarem a relação entre o depósito da fé e o depósito da vida:

> [...] Igreja que caminha unida para ler a realidade com os olhos da fé e com o coração de Deus; é a Igreja que se questiona sobre a sua fidelidade ao *depósito da fé*, que para ela não representa um museu para visitar nem só para salvaguardar, mas é uma fonte viva na qual a Igreja se dessedenta para matar a sede e iluminar o *depósito da vida*.

A *Igreja em saída* transita entre o coração do Evangelho e o coração do mundo. No centro de ambos encontramos o outro como presença de Deus e, de modo particular, os pobres como a carne de Cristo que clama por libertação. Fechada em si mesma, a Igreja perde seu carisma fundante. Torna-se autorreferenciada, ou seja, se reproduz sobre si mesma. É, de fato, de fora das armaduras seguras da instituição que pode vir a renovação da Igreja: dos apelos do Evangelho e dos apelos do mundo. O discernimento do mundo como lugar onde Deus clama e chama não se dá por meio de uma hermenêutica teórica, mas como posicionamento e opção que ensina na prática e faz descobrir pela via da misericórdia a voz do Senhor que repete "a mim o fizeste" (Mt 25,40) mesmo para aqueles que usaram de misericórdia sem reconhecer que era o Senhor: quando foi que o vimos? (cf. Mt 25,37).

2
A SEMENTE DA *CASA COMUM*

A parábola do semeador tipifica os modos de recepção do Evangelho no contexto das primeiras comunidades cristãs (cf. Mc 4,3-9). A história do semeador fala do realismo do evangelizador que se depara com diferentes receptores. Não há um único receptor. A evangelização não é um ato mágico que produz efeitos imediatos. Em três situações ela não produziu nenhum resultado, segundo a parábola. A evangelização não é também uma imposição. Ela pressupõe a acolhida de quem recebe a mensagem. O realismo da parábola ensina a perceber o contraste entre o anúncio da nova terra da *Laudato Si'* e a conjuntura em que vivemos. A semente lançada pode não germinar em sua totalidade, pois vai depender de quem a recebe e de fatores imprevisíveis. Ninguém tem o controle da palavra pronunciada nem da Palavra anunciada.

O "Evangelho da criação" lançado por Francisco encontra diferentes solos, como já foi verificado nos tipos de leituras vistos anteriormente. A criação se tornou terra de exploração econômica, "gera espinhos e ervas daninhas" por causa da ganância do ser humano que pretende ser igual a Deus (cf. Gn 3,4-18). O roteiro da destruição da terra está dado no mito da criação: a prepotência humana destrói o planeta. O poder sem limites busca extrair da terra e do trabalho humano tudo o que pode. O desejo ilimitado que busca a satisfação absoluta (ser igual a Deus) troca o necessário (a vida do paraíso) pelo desejo, o suficiente para a vida pelo supérfluo que se torna necessário.

O contraste entre a criação boa e a terra destruída pela prepotência compõe o conjunto da narrativa da criação, onde as posições se invertem: de filho de Deus o ser humano se torna igual a ele, de irmão do semelhante se torna senhor, de senhor do mundo se torna filho do mundo. Esse contraste persiste em nossos dias. O contraste entre o ideal e o real encenados nessa narrativa permanece e atinge seu ponto mais crítico. O Evangelho da criação anunciado pela *Laudato Si'* cai numa terra já devastada e dominada pela prepotência de uma tecnocracia serva do capital mundializado (sistema financeiro e comércio) e servidora do capital individualizado (cultura de consumo). Mas o paraíso é esperança e não saudade, recorda Carlos Mesters (cf. 1996). A carga utópica de todos os anúncios de boa-nova encontra na fé seu lugar explícito. O anúncio do novo expõe os limites das conjunturas; é crítica utópica que desperta a consciência de que nem tudo vai bem e que pode ser melhor; é provocação da vontade de mudança e da imaginação do mundo melhor. O estímulo da vontade direciona o desejo para um alvo que está além do eu, troca o "poço de Narciso" pela "terra prometida", o espelho pela lente de aumento. A provocação da imaginação dá início ao novo. Imaginar a ruína da terra e o mundo novo constitui conteúdo pedagógico central das mudanças de comportamento. É preciso projetar o futuro como possibilidade e promessa, mesmo que contra todas as evidências imediatas da realidade.

A *casa comum* precisa se tornar, antes de tudo, sonho comum. Os cristãos deveriam ser especialistas em construir sonhos comuns com sua imaginação do mundo novo, da irmandade universal no Reino de Deus. Para os satisfeitos com o mundo atual, a *Laudato Si'* é uma proposta romântica que não toca nem os pragmáticos nem os inteligentes; é semente que não germinará não somente por causa da terra (os receptores), mas por ser uma falsa semente, sem fecundidade.

Os impactos na cultura atual

A encíclica *Laudato Si'* não é feita de um conteúdo politicamente neutro por se tratar de um conteúdo de fundo e de forma religiosa, ou, para alguns, de um conteúdo ecológico. Ao contrário, ela entra, ao menos em princípio, em uma rota de colisão com o *modo de ser* da sociedade atual. Haverá, inevitavelmente, um choque de projetos se os princípios da *Laudato Si'* – como a Doutrina Social da Igreja em geral – forem também transformados em um *modo de ser* que se expresse socialmente. O Evangelho não pode se reduzir a um conjunto de doutrinas abstratas nem a uma mensagem de consolo para as almas insatisfeitas. A Palavra lançada na terra visa germinar e produzir frutos. O semeador é persistente e joga a semente em todos os tipos de terra. O que germina se torna árvore frondosa. A fé cristã busca expressão social, um *modo de ser* que caracteriza o grupo dentro da sociedade. Esse modo de ser é o grande desafio da evangelização e dos sujeitos eclesiais no mundo tomado de boas-novas eficientes.

a) O individualismo e a crise do comum

Como já foi verificado, o individualismo caracteriza a sociedade atual, globalizada do ponto de vista econômico, tecnológico e cultural. Fala-se em uma sociedade cada vez mais individualizada. Os produtos, os serviços e a comunicação gravitam em torno dos desejos e das escolhas individuais. O celular é um exemplo emblemático: sintetiza as várias mídias, colocando-as no bolso de cada indivíduo, que por meio dele fala e vê a distância, compra e vende, brinca e trabalha. Essas atividades, antes separadas e dependentes de outros sujeitos, se tornam individualizadas. Além da individualização das tecnologias, o mercado individualiza a moda e cria uma dinâmica de *self-service* para quase todos os produtos materiais e simbólicos, incluindo os produtos religiosos. A comunicação permite aos indivíduos publicar em tempo real o que estão fazendo. As práticas religiosas são cada vez mais individualizadas, na medida em que permitem a cada indivíduo fazer suas escolhas, transitar entre as tradições. Mas não se trata somente da vivência da individualidade como centro de escolhas e decisões. O indivíduo se torna o centro isolado em relação aos demais e opera a partir de seus desejos de satisfação. Encaixado na lógica do mercado (produção-consumo), cada indivíduo busca seu bem-estar (desejo-satisfação) e se torna um cidadão consumidor (consumo-satisfação). O que escapa desse ciclo cai no campo da indiferença. É a semente lançada fora do caminho que não germina (cf. Mc 4,4). A *casa comum* anunciada pela *Laudato Si'* cai na margem do consumo-satisfação como produto desnecessário. Esse individualismo vai colocando o comum fora de seus valores, a não ser quando ele se torna um amparo que garanta o exercício de sua satisfação. Têm valor o Código de Defesa do Consumidor e outras leis que garantem o exercício do cidadão satisfeito, as práticas religiosas que ofereçam bem-estar e prosperidade e as estéticas grupais que acolhem as escolhas estéticas individuais. As culturas do consumo e do descarte que contribuem para a deterioração do planeta (LS 22, 204-205) descartam os produtos éticos que não alimentam seu ciclo. A ética da *casa comum* será um deles.

b) A efemeridade sem teleologia

O efêmero é atitude que rege o indivíduo satisfeito-insatisfeito-satisfeito em perfeita sintonia e retroalimentação com o mercado dos produtos novos-envelhecidos-renovados. Os produtos nascem como promessa de felicidade, porém com data marcada para caducar e ceder seu lugar a um novo. A efemeridade se orienta, portanto, pela lógica do imediato e da plenitude do presente, atitude que dispensa o passado como obsoleto e o futuro como desnecessário. Dispensam do passado os valores tradicionais que não são capazes de entrar na dinâmica de individualização (processo de destradicionalização) e, do futuro, os valores que não se concretizam imediatamente (crise das utopias). Portanto, os princípios e as teleologias se tornam desconectados das escolhas e das práticas presentes que se orientam por suas promessas imediatas. Não há o que esperar, apenas o que usar agora e produzir bem-estar imediato. As metas coletivas se tornam problemas transferidos para entidades políticas alheias aos valores individuais e unicamente meios de garantir a felicidade de cada um. Trata-se de uma sociedade cada vez mais sem projeto (*pro-jectum*) e sem sujeitos (*sub-jectum*). O efêmero dispensa o que está por baixo e o que está na frente da vida humana. Basta a superfície móvel e ágil do presente. A busca da *casa comum*, projeto que necessita da aposta, da adesão e do diálogo de todos em vista de um futuro viável, pode ser a semente que cai na terra sem profundidade e que não adquire raiz e por isso morre (cf. Mc 4,5).

c) A estetização do ético

O indivíduo lançado no ciclo efêmero do consumo-satisfação adota como valor o bem-estar sem demora. A sensação é a experiência mais importante. Portanto, os estímulos sensuais já são, por si mesmos, possibilidades de vivências de bem-estar. O estético se apresenta como promessa de felicidade e se torna o principal valor que tudo perpassa: os produtos materiais e simbólicos, os serviços e os relacionamentos. O que não produz sensação cai rapidamente em desuso e é um produto falso. A verdade se expressa na sensação. O belo passa a ser a raiz do bem e do verdadeiro. A aparência dispensa a pergunta pela essência. O parecer se torna ser. Estaria ocorrendo uma "estetização do mundo" ou a constituição de uma era "transestética", da qual nada escapa, e o que escapar pode desparecer (cf. LIPOVETSKY; SERROY, 2015). A ética da alteridade entra em crise. A norma objetiva, os valores comuns e o altruísmo não somente são dispensados como desnecessários, mas também como empecilhos para o bem-estar individual. Sobrevive a ética que for capaz de se estetizar, a religião estética e os símbolos e valores tradicionais que se tornarem capazes de provocar sensação. O que se expressar em *performances* espetaculares, renováveis e ampliáveis vinga como valor e torna-se norma de vida. O anúncio da *casa comum* sofreu uma recepção estética, como já foi visto. No entanto, seu conteúdo ético, que pede conversão do sistema capitalista e dos consumistas, tende a ser rejeitado. É a semente que cai entre espinhos e morre sufocada (cf. Mc 4,7). O estético mata o ético no império da aparência e do bem-estar. O valor universal da *casa comum* pode até encantar, mas pode ser sufocado quando convocar para ações concretas. A convergência estética planetária não suporta projetos que exijam negação das sensações, transitividade para além do eu e do altruísmo.

O anúncio do Evangelho é tarefa permanente e persistente. É semente minúscula que vai germinando lentamente, mesmo que muitas vezes imperceptível. Alguns pensam que evangelizam plantando árvores já formadas. Para além dessa fé/esperança, é preciso aprender a olhar a terra, discernir as possibilidades de fertilidade que ela contém e conhecer os seus limites.

Os paradoxos da cultura atual

A cultura de consumo é cada vez mais hegemônica. De fato, é mundializada, e impõe sua lógica para ricos e pobres, para crentes e não crentes e para os de esquerda e os de direita. No entanto, não é homogênea; possui dentro de seus propósitos e práticas resíduos que podem ser resgatados como potências transformadoras do mundo. Possui também limites que denunciam por si mesmos sua eficácia. É preciso o olhar profético e pedagógico que elucide os limites e que encontre os resíduos. O Vaticano II assume uma postura dialógica perante o mundo moderno com o princípio e o método dos *sinais dos tempos* (cf. Capítulo 1 da Parte III). Para o cristão, nem tudo está perdido, embora tudo possa parecer adverso ao Evangelho. Detectar os paradoxos da cultura atual é um primeiro passo fundamental. A palavra paradoxo, de origem grega, adquiriu no latim (*paradoxum*) seu significado de contradição (*para* = ir de encontro + *doxum* = opinião). As contradições de uma cultura nem sempre são visíveis, ou, mesmo que sejam, são normalmente negadas, sobretudo pelos mais integrados em seus significados e práticas. Observa Francisco que se tornou anticultural adotar outro estilo de vida diferente do atual (LS 111). Quem aponta para os seus *paradoxos* se torna *heterodoxo*, alguém fora da regra correta predominante do bem viver. Ademais, a cultura de consumo demonstra uma eficiente capacidade de integrar os indivíduos em suas ofertas, de forma que suas contradições internas são escondidas sob a estética da igualdade e assimiladas sob uma suposta cidadania exercida no ato de consumir.

As contradições elencadas não são deduzidas a partir de valores externos a esse sistema, mas são inerentes a ele, perceptíveis em sua lógica e em seus efeitos, em suas expressões e núcleo: a) A *expressão* estética convive com a deterioração da vida dos ecossistemas e dos aglomerados urbanos. Beleza, higiene e *glamour* se misturam com feiura, sujeira e deterioração. As megalópoles são fotografias nítidas dessa contradição. A experiência de prazer proporcionada pelo consumo produz seus efeitos inegáveis nas pessoas e grupos, mas produz o seu reverso visível: o mal-estar. Estão intimamente ligados variedade de produtos e excesso de lixo, quantidade e qualidade dos produtos e efeitos patológicos das químicas neles utilizadas, excesso de alimentos industrializados e obesidade. As técnicas facilitam os trabalhos e resultam em sedentarismo; b) A *lógica* da cultura de consumo revela também contradições. A mais fundamental delas é que não realiza precisamente o que promete. A felicidade oferecida em cada produto apresentado como o mais novo e o mais perfeito é negada logo em seguida pelo produto que o sucede; o produto não realiza o que promete, não somente porque o seu consumidor é um animal por natureza insatisfeito, mas porque precisa se renovar incessantemente para sobreviver. A cidadania se torna uma sensação e perde a sua realidade política. Cada consumidor se sente incluído socialmente à medida que se iguala no consumo dos mesmos produtos (marcas verdadeiras ou falsas). Essa inclusão perversa sustenta uma alienação política e um comodismo social bem mais agudos que aqueles do proletariado, analisada por Karl Marx no século XIX. Em termos de comunicação se estabelece uma outra falsa ilusão: a da proximidade possibilitada pela conexão das redes sociais. A distância das vidas reais e o anonimato geram isolamentos conectados e experiência de solidão dentro das famílias e nas massas de indivíduos aglomerados; c) As contradições estão visíveis nos *efeitos*: o excesso exibido em todos os produtos convive com as carências; os desejos satisfeitos e as necessidades não realizadas caminham juntos, sobretudo nas camadas mais pobres; a busca de equilíbrio e de vida amena convive com a violência crescente em todo o planeta; a eficiência técnica gera destruição ecológica.

A possibilidade e necessidade do discernimento

Os paradoxos revelam os limites. São deformações genéticas do regime saudável, frestas pelas quais podem penetrar as palavras críticas de todos os homens de boa vontade e a Palavra do Evangelho dos cristãos. Mas há que discernir também dentro desse sistema os sinais de mudança, ou aqueles elementos que indicam a possibilidade de engatar o novo. O Papa João XXIII, ao analisar o mundo moderno de sua época, fez esse exercício de discernimento ao final de cada análise da realidade em sua última encíclica, *Pacem in Terris*. Será possível discernir alguns *sinais dos tempos* na cultura atual? Isso significa verificar dentro de suas tendências predominantes as sementes que podem produzir a nova terra, a *casa comum* de todos. Para o cristão, a fé afirma *a priori* que nem tudo está perdido, que o mundo possui verdades que devem ser descobertas pela fé e pela razão. Como ensinou o Vaticano II, compete ao Povo de Deus, e de modo particular aos pastores e teólogos, aprender a fazer a leitura da realidade descobrindo nela os desígnios de Deus (cf. GS 4, 11 e 44). O cristão não pode ser nem um pessimista que acaba por se entregar passivamente às torrentes da cultura predominante, nem um ingênuo que aposta em um futuro irrealizável. Nesse sentido, toda evangelização exige construção, crítica e criatividade. O Espírito criador inspira o cristão na criação do novo pelas imagens de um bem oferecido à vontade, por conceitos oferecidos à razão crítica e por estratégias indicadas para a ação. O Evangelho é a fé anunciada que pede mediações históricas para ser concretizada. O discernimento é verificação e criação do novo em cada realidade. A postura de abertura à realidade constitui o ponto zero de todo discernimento. Por mais estranha que seja uma realidade, a fé afirma que o outro é sagrado e que o mundo contém verdades. Portanto, dentro das contradições da cultura de consumo pode-se achar sinais de saída para a *casa comum*:

a) dentro do individualismo, a afirmação da autonomia que deve rejeitar as imposições e criar sujeitos;

b) dentro do relativismo, resgate do valor das diferenças de cada pessoa e dos grupos;

c) dentro da efemeridade da felicidade presente, encontrar o ponto de partida para o anúncio da felicidade da vida comum;

d) dentro da ética estetizada é possível encontrar a intolerância às discriminações;

e) dentro da tecnocracia, a técnica que pode achar a mediação para reconduzir o planeta;

f) dentro da comunicação anônima, o resgate das relações autênticas entre os indivíduos;

g) dentro do hedonismo, a afirmação do prazer como dimensão autêntica do humano mutuamente relacionado;

h) dentro da estética, extrair a beleza que pode perpassar as linguagens da evangelização;

Esses tópicos são exercícios limitados. O discernimento é tarefa concreta de todos e poderia ser uma modalidade de trabalho no processo de recepção da *Laudato Si'* nas comunidades eclesiais (cf. CNBB, 2015). A boa-notícia da *casa comum* julga a cultura atual e anuncia uma cultura nova. O risco é transformar o Evangelho da criação em um discurso paralelo que pode encantar e consolar, mas que evita o confronto e dispensa o discernimento e a criação do novo.

O anúncio do Evangelho da criação

A construção da *casa comum* exigirá uma revolução cultural (LS 114) que inclui mudança de sistema e a conversão dos sujeitos, mediações políticas, pedagógicas e espirituais (LS, Capítulo VI). A *Laudato Si'* provoca a imaginação de um futuro melhor para a vida no planeta. Um dos começos da revolução cultural na direção da cultural ecológica (LS 111) pode ser a criação de um novo imaginário sobre a terra. O Evangelho da criação não é somente um conceito, mas traz consigo a imagem de um novo mundo a ser construído pela liberdade e pela responsabilidade humana, que contam hoje com as capacidades técnica e política para realizar essa tarefa urgente.

No processo pedagógico e político de construção da *casa comum*, o anúncio do novo contrasta com o velho. A imagem do mundo atual precisa ser explorada para além da ditadura da beleza e do bem--estar. Para tanto, revelar as contradições constitui o primeiro passo para a construção do novo. A imagem dos riscos da catástrofe e a consciência de suas causas atuais é uma tarefa pedagógica e política de todos os sujeitos responsáveis da terra. E será também importante projetar a imagem do futuro para além dos imediatismos e dos desejos de bem-estar. A possibilidade real de uma crise sem par no futuro deve produzir o desejo de evitar o mal e, portanto, como primeiro passo pedagógico, imaginar as catástrofes ecológicas. A "heurística do medo", sugerida por Hans Jonas como passagem necessária para uma ética da reponsabilidade no mundo tecnocrático, tem essa função: deixar-se afetar pela imaginação da desgraça contribui para a busca do bem comum (cf. JONAS, 2006, p. 70-75). De sua parte, o novo imaginado como superação do velho se encontra com imagens já construídas e recorridas de diferentes maneiras na longa temporalidade ocidental, as imagens do paraíso e as imagens do céu. A busca da nova terra, *casa comum*, é uma urgência e uma tarefa que não estão livres desses imaginários consolidados que podem desviar a responsabilidade humana de seu único tempo e espaço que é a história presente.

a) A imaginação do paraíso

O imaginário do paraíso tem versões religiosas e secularizadas. A imagem do bem retrojetada nos primórdios em um tempo original anterior ao tempo propriamente histórico real demarcou a cultura ocidental com o paraíso terrestre da tradição judaico-cristã. Essa imagem da perfeição original perdida com o pecado original recebeu tratamento platônico já com Fílon de Alexandria na passagem para a era cristã, leitura concluída por Agostinho e consolidada na doutrina cristã posterior. O tempo da perfeição perdida se tornou a saudade da espécie decaída e, ao mesmo tempo, sua frustração. O Ocidente não cessou de buscar o paraíso perdido no decorrer de sua história. Os descobridores da nova terra viram na natureza selvagem do novo mundo sua presença geográfica. Os românticos defendiam a volta ao estado de natureza como retorno à natureza pura do ser humano. O bom selvagem de Rousseau e o indigenismo de José de Alencar professavam essa fé de uma volta redentora ao estágio pré-civilizacional.

Muitos movimentos de contracultura de hoje ainda carregam esse arquétipo da promessa do retorno ao bem original soterrado pela civilização. A imaginação do paraíso não conduz à *casa comum* na medida em que se refugia no passado e dispensa as mediações da tecnologia para construir o futuro bom. Não se trata de resgatar um estágio perdido, mas de construir um novo estágio com a capacidade e a responsabilidade do ser humano.

b) A imaginação do céu

No extremo oposto da volta ao paraíso repousa outro arquétipo: o da era escatológica a ser realizada no pós-morte e, por completo, no pós-história. É o paraíso projetado no fim último, tempo de superação das contradições históricas e da felicidade plena. A imaginação do céu atravessou o Cristianismo como promessa provocadora e como alternativa ao seu oposto: o inferno. A história não era outra coisa que o tempo provisório movimentando na direção desse final inevitável. Embora seja verdadeira a constatação de uma crise desse paraíso final, sua imagem ainda persiste nos dias de hoje (cf. DELUMEAU, 2003). Grupos religiosos ainda têm a imagem do céu no centro de suas pregações. Por debaixo da crença absoluta nos efeitos do progresso das tecnociências em um futuro iminente subjaz a fé na superação de todos os males humanos, postura que encontra suas promessas mais entusiastas nos modernos do século XIX. O céu cristão perdeu sua força moral e já não interfere no curso real da história. O céu moderno continua sendo uma promessa para todos os que apostam seja na capacidade da ciência e da eficácia do modelo capitalista liberal nos projetos, seja na possibilidade de resgatar o projeto original da modernidade. A *Laudato Si'* afirma a construção do futuro como necessidade e possibilidade por meio de uma revolução cultural que conduza a humanidade para uma nova rota e um novo ponto de chegada. O céu permanece como promessa, e a construção de uma história melhor, como tarefa para todos.

c) A imaginação do Reino

A imagem do Reino de Deus não é volta às origens nem aguardo passivo do céu. Entre o antes e o depois da história, o Reino é oferecido como possibilidade histórica que modifica o presente. Sua realidade divina o vincula ao antes e ao depois do tempo presente como dom que vem de Deus e que transcende o imediato, porém se mostra precisamente como caminho a ser construído agora pela adesão ao projeto de Jesus Cristo. As parábolas do Reino narradas por Jesus de Nazaré não indicam com exatidão como seria a organização do Reino, mas apontam para seu conteúdo básico: a justiça de Deus acontecendo na terra. Mas o Reino nem sempre acontece de maneira visível, é como grão de mostarda que vai crescendo. Embora seja de Deus e entregue ao seu desígnio, ele está inaugurado com as ações de Jesus em favor dos excluídos de seu tempo. É uma nova ordem que elimina todas as formas de dominação que dividem os homens; uma ordem diferente daquela que reinava no tempo de Jesus. O Reino de Deus é diferente desse mundo, responde Jesus a Pilatos (cf. ASLAN, 2013, p. 139). Os Evangelhos ensinam a imaginar o Reino como o novo que há de vir dentro da história, na medida em que essa avança para patamares mais justos e fraternos.

A *casa comum* a ser buscada por todos no convite do Papa Francisco se situa nesse dinamismo de um apelo de Deus para todos, apelo que conduz para uma ordem de justiça e de paz que inclui a todos e que conta com a participação de todos. O Reino é a imaginação do tempo de Deus realizando continuamente na história, sem conclusão e sem extinção. Nem a Igreja nem o mundo resumem em suas realizações e estruturações institucionais a realidade do Reino. A Igreja é seu sinal e o lugar de sua germinação. Com efeito, a teologia ecológica que rege a encíclica *Laudato Si'* remete para uma dimensão planetária e cósmica do Reino de Deus, indo além da história humana. Antropocentrismo, teocentrismo e biocentrismo se articulam em uma visão única capaz de integrar as exclusividades e linearidades construídas em torno dessas categorias. A consciência e a percepção do Reino avançam para patamares universais inclusivos que superam qualquer localização eclesial, política e geográfica de sua presença e concretização. A força do Reino eclodida em Jesus Cristo é a busca da ordem planetária capaz de gerar vida plena para todos agora e no futuro.

As mediações necessárias para a preservação do planeta

"Evangelizar é tornar o Reino de Deus presente no mundo" (EG 176). A adesão a Jesus Cristo é adesão a um projeto de vida que exige conversão permanente. A vida no Reino é aquela de quem descobriu um tesouro; é um valor que, uma vez interiorizado como regra de vida, se torna prático e orienta as ações. Não há Reino de Deus para quem se fecha em si mesmo, em seus desejos satisfeitos-insatisfeitos e para quem renuncia à sua liberdade e se entrega à lei da maioria, às regras do mercado ou das instituições. Nesse sentido o Reino se traduz em modo de vida, em uma outra cultura (cultura do encontro, cultura ecológica, cultura da acolhida, cultura da sobriedade). O anúncio do Reino se dá nessa dialética permanente de negação-diálogo com a cultura hegemônica. Essa revolução cultural (LS 114) não significa voltar à Idade da Pedra, observa Francisco, mas reorientar a vida para outra direção. Trata-se de uma conversão indissociavelmente coletiva e individual, daí a importância das mediações políticas e pedagógicas. Acolher o Reino significa reconhecer o primado do dom de Deus, mas igualmente transformar o dom em vida e, portanto, buscar as mediações necessárias, coerentes e eficazes para a sua concretização.

Conversão. Esse primeiro passo não se resolve com profissões de fé que não levam à mudança de vida. A fé refém da cultura individualista é mundanismo, assevera Francisco (EG 93-97). O grande desafio do Cristianismo em todos os tempos tem sido encontrar o modo de vida coerente com o Reino. A história mostra que toda identificação com a cultura dominante reduz o dinamismo transcendente do Reino e esgota sua reserva escatológica que instaura a busca permanente da fraternidade. Quando a Igreja se identificou com o Reino, negou o mundo e fez guerra com as diferenças culturais. Quando o Reino foi identificado com poderes estatais, tornou-se a justificativa de todas as dominações, o Evangelho se identificou com colonização. Quando o Reino se identifica com prazer religioso e realização individual, ele é sufocado em sua raiz, que é a vida com os outros. Na cultura hedonista e relativista, o Cristianismo tende a ser uma abstração social (Reino espiritual paralelo ao mundo real) e um produto dentre outros (um valor que oferece reforço ou compensação à cultura dominante). A conversão cultural é um desafio, observa Francisco:

> Não se consegue pensar que seja possível sustentar outro paradigma cultural e servir-se da técnica como mero instrumento, porque hoje o paradigma tecnocrático tornou-se tão dominante que é muito difícil prescindir dos seus recursos, e mais difícil ainda utilizar os seus recursos sem ser dominados pela sua lógica. (LS 108)

Mas um outro estilo de vida se faz possível a partir da espiritualidade cristã (LS 222). A tão falada "qualidade de vida" assume outros valores e práticas na perspectiva cristã. A sobriedade e a capacidade de se alegrar com o pouco permite saborear as pequenas coisas e ser feliz na simplicidade, sem o ciclo vicioso da satisfação-insatisfação que termina sempre na insatisfação e no vazio. A conversão do cristão significa, nesse sentido, não mais uma adesão a uma doutrina, mas a um modo de vida. A adesão à doutrina cristã já professada pela maioria das sociedades ocidentais. E mesmo para os membros ativos das comunidades, a fé em Jesus não constitui um problema, mas sim o modo de vivenciar a mensagem do Evangelho. A ruptura com esse Cristianismo conformista e ajustado ao sistema é que constitui a conversão real. O testemunho de que é possível viver diferentemente da maioria é o grande desafio para os cristãos de hoje. Francisco testemunha que é possível ser papa de modo simples e transparente; mostra em seus gestos que o papa está em processo de conversão. Por conseguinte, os bispos precisam irradiar esse testemunho com seus modos de exercer o ministério, assim como o clero e todo o Povo de Deus.

A educação. As mudanças sociais podem vir por meio de revoluções abruptas ou por meio de processos educacionais. As guerras, as grandes crises, as migrações de muitos grupos e as próprias revoluções políticas conduzem os grupos para novas etapas de vida, embora nem sempre possam ser etapas eticamente melhores. A educação é a via regular de mudanças de mentalidades e de estilo de vida. A consciência de que é preciso mudar de rumo exige conversão e, ao mesmo tempo, educação geral: reeducação das gerações adultas e educação das novas gerações. A sociedade da informação tem a capacidade de exercer um direcionamento dos estilos de vida e pode contribuir para a mudança de hábitos na relação de cada indivíduo, dos grupos e das nações em relação ao planeta. A *casa comum* deverá ser, antes de tudo, reconhecida como tal por todos. Esse primeiro passo de conscientização tem um aspecto imaginário, como já foi visto anteriormente, um aspecto cognitivo que passa pela informação sobre a realidade do planeta e um aspecto social que significa a interiorização e a adesão aos valores ecológicos.

Com efeito, a educação ecológica é indissociável da educação para o consumo, que por sua vez é indissociável da educação política. Ensinar a indignação perante a destruição do planeta tem sido a pauta das mídias e até mesmo das escolas. O nó da questão reside no modo de vida estruturado, na sua totalidade, no individualismo consumista, e a saída é a busca de outro modelo econômico capaz de gerir a população planetária, e de gerir a terra de modo sustentável. A ruptura com o consumismo e uma nova postura perante o capitalismo mundial constituem a passagem negada pelos donos do capital e pelos donos dos desejos de satisfação. Toda educação ecológica isolada desses aspectos contribuirá, por certo, para o ocultamento das causas da destruição ecológica e não passará do ensino de etiquetas ecológicas. Ainda que os pequenos gestos sejam importantes para a convivência, eles não bastam se permanecem reproduzindo o modelo de vida vigente. A educação verdadeira gera sujeitos autônomos capazes de discernir e decidir sobre si mesmos e de atuar politicamente nos seus contextos imediatos, no contexto local, nacional e mundial.

A política. A relação intrínseca entre o individual e o global constitui a sociedade atual. Essa relação permite pensar não somente numa crise ambiental sistêmica que envolverá a todos, mas também em uma crise social, "porque a obsessão por um estilo de vida consumista, sobretudo quando poucos têm possibilidades de o sustentar de fato, só poderá provocar violência e destruição recíproca" (LS 204). A criação de novos modos de vida é, portanto, fundamental para desencadear mudanças globais. A conversão e a educação, no fundo, são mudanças políticas. Não somente mudanças de espaços micropolíticos, mas também mudanças da parte que afetam o todo e podem pressionar de baixo para cima reorientações do sistema econômico mundial. É a transformação do comportamento que vai criando uma nova cultura, antes que chegue a mudança político-estrutural (LS 211). Mas a questão política mais crucial reside precisamente no âmbito da globalidade: do sistema econômico mundial que se estrutura e funciona em três direções, a saber: o mercado financeiro, a produção-comércio e o consumo. Por se tratar de um sistema, ele é onipresente e onipotente; seus donos estão em toda parte, mas não têm um endereço único para o qual se possam direcionar as ações políticas de mudança.

Com efeito, duas ações no âmbito global são urgentes: a revisão do modelo tecnoeconômico e a criação de órgãos gestores globais. A humanidade tem maior objetividade para avaliar o modelo econômico liberal, tendo em vista a superação daquela conjuntura bipolarizada entre socialismo e capitalismo, quando cada qual culpava o outro por seu fracasso e exibia a promessa futura de todas as soluções para as desigualdades da humanidade. O capitalismo global já revelou todas as suas contradições e não há mais o que ocultar de sua lógica. É verdade que cada indivíduo nunca gostou tanto de seus efeitos e se tornou dela, realmente, um prisioneiro feliz: "O referido paradigma faz crer a todos que são livres, pois conservam uma suposta liberdade de consumir, quando na realidade apenas a minoria que detém o poder econômico e financeiro possui a liberdade" (LS 203). Nesse sentido, cada cidadão é, hoje, um cidadão capitalista, um militante consciente ou inconsciente do regime mundial de produção-consumo. Contudo, as contradições são cada vez mais evidenciadas em todos os níveis: economias regionais e o aumento da pobreza, o desemprego e a migração forçada, as crises políticas e a violência, o aumento da produção e a destruição do meio ambiente, a promessa de bem-estar e o aumento do mal-estar.

Um fato pode se apresentar como início da solução política: mais do que nunca a globalização econômica expôs de modo igualmente global e estrutural as suas contradições. A crise ambiental é a exposição mais sistêmica e visível desse paradigma tecnoeconômico que avança de modo crescente sobre a terra como monstro que a devora sem cálculo e sem empatia. O grito da terra talvez seja o último grito contra a febre delirante do poder do acúmulo ilimitado, após os gritos dos colonizados do Novo Mundo, do proletariado na Revolução Industrial, dos milhões de mortos nas duas grandes guerras, dos pobres do Terceiro Mundo durante a Guerra Fria. A Igreja assume esse grito como seu na pessoa de Francisco, como grito da criação de Deus e, portanto, como grito de Deus a todos os crentes para que mudem a rota.

A mudança de regime está posta de modo transversal em toda a *Laudato Si'*. Não se trata de entrar na velha discussão que afirmava o liberalismo como única saída perante o socialismo. Trata-se de um regime que deve colocar no centro o ser humano, sendo esse o princípio ético que deve orientar o mercado e as políticas de um modo geral. Trata agora de olhar para dentro do capitalismo global e, a partir de seus efeitos e mecanismos, avançar para saídas globais. O imediatismo do mercado afeta não somente a cultura (criação da cultura de consumo), mas também as gestões políticas locais. Os Estados não têm forças para enfrentar os mercados consumidores com suas políticas sociais e ambientais (LS 178). A criação de uma gestão global do planeta constitui a única saída possível em um mundo globalizado sob todos os aspectos. Tudo está interconectado, menos uma política mundializada capaz de conduzir o planeta numa direção comum que garanta a vida e a convivência dos seres humanos. O mercado mundial exerce a tirania do lucro e do consumo sem qualquer rumo ético que seja capaz de garantir a vida no planeta. Uma governança global é urgente e por ela passará o futuro do planeta.

A *Laudato Si'* é um anúncio utópico de um outro mundo necessário e possível; é utópica como foram outras proposições éticas religiosas e civis apresentadas para a humanidade. O mundo dá sinais de falência, e o regime tecnoeconômico, nenhum sinal de mudanças. O anúncio de novos rumos é, por essa razão, ainda mais urgente: mantém acesa a chama do bem comum, da vida comum e da casa comum.

A RENOVAÇÃO NA DIREÇÃO DO REINO

Jerusalém, Jerusalém, que mata os profetas e apedreja os que são enviados a você! (Lc 13,34)

É necessário que a profecia morra enquanto tal, isto é, como mensagem de ruptura com a rotina e de contestação da ordem ordinária, para sobreviver no corpo doutrinal do sacerdócio, moeda cotidiana do capital original do carisma. (Max Weber)

A tensão entre o carisma que busca operar renovações na instituição que dele procedeu e nele se assenta e justifica e os mecanismos preservadores da mesma instituição faz das Igrejas cristãs uma organização *sui generis*. Uma religião fundada na natureza ou em um passado fixado em um código escrito não padece desse dilema; permanece reproduzindo suas práticas rituais de modo estável, seja por se inserir nos ciclos da natureza e celebrá-los como dádiva que flui de uma fonte sagrada sempre presente, seja por repetir o que está escrito sem modificar a literalidade da regra. O Cristianismo se assenta sobre um carisma vivo, o Ressuscitado presente na comunidade e que continua agindo espiritualmente, ou seja, por meio de seu Espírito, na vida e na ação dos membros. No entanto, essa experiência presente adquiriu no decorrer do tempo roupagens institucionais mais ou menos pesadas, formulações teóricas e normatizações legais que tiveram como finalidade preservar e transmitir o carisma de modo exato às gerações. Nasceram e se desenvolveram, assim, as doutrinas, a organização eclesial, as hierarquias, as normas morais e as leis. O carisma se tradicionalizou e burocratizou, embora tenha permanecido como a fonte primeira e originante desse processo. O que era sempre novo se tornou velho e passou a rejeitar o novo resgatado fora dos parâmetros da oficialidade religiosa.

Qual flor desidratada, ceifada de sua condição viva, são as tradições e instituições cristãs; elas podem enfeitar, mas perdem seu perfume, preservam suas formas, mas perdem seu viço e sua cor. O valor da durabilidade e da preservação se torna a razão de ser. No entanto, o Cristianismo é canteiro de flores sempre vivas que se renovam nos vasos das comunidades cristãs. As instituições são os vasos, uns mais leves, outros mais pesados, que exibem as flores do carisma original com toda a sua vitalidade. O tradicionalismo troca o vaso pelas flores e passa a julgá-lo como valor em si mesmo. Os reformadores querem ajustar o vaso para que as flores possam ser apresentadas sempre vivas e belas. E muitos afirmam que o vaso deve ser renovado em função das flores sempre novas.

Essa insistência na experiência original do carisma vivo contínuo gerou no decorrer da história cristã lutas e renovações. As lutas entre o poder religioso institucionalizado em doutrinas, normas, rituais e papéis e os carismáticos portadores de dons e missão renovadora produziram divisões, perseguições e até guerras religiosas. As renovações vieram igualmente do retorno ao carisma original, sem o que seriam todas ilegítimas. Nesse sentido, o carisma é o germe que tende a corroer a estabilidade e a unidade institucional das Igrejas e, ao mesmo tempo, a fonte restauradora de seu cansaço institucional e superadora natural de suas crises.

Contudo, o carisma não sobrevive em seu *status nascendi*. Ele possui um ciclo de sobrevivência em sua força originária revolucionária e desconstrutora das ordens tradicionais e estabelecidas. A perpetuação de uma crise que o gerou pode dar-lhe uma sobrevida. No entanto, o tempo o desgasta; transforma seu inédito em rotina, sua promessa em norma, sua vitalidade em ordem regular. A epígrafe weberiana que encima o capítulo explicita esse processo institucionalizador inevitável: o carisma sobrevive na doutrina, o profeta sobrevive à medida que é assimilado com seu carisma pela instituição. Isso significa dizer que toda reforma nasce como um projeto que rompe com a ordem estabelecida/envelhecida e que, em seguida, terá de ser transformado em norma comum para o grupo. Tanto nos casos dos reformadores que fundam novas comunidades religiosas quanto dos reformadores das instituições, as propostas de renovação se tornam regras comuns para o grupo e, em seguida, normas ou leis instituídas. Do contrário, o carisma morre com o reformador ou, no máximo, na geração seguinte dos sucessores e seguidores.

Essas considerações sociológicas ajudam a entender o que se passa no momento na Igreja Católica sob o pontificado de Francisco. Ainda persiste a fase carismática da renovação: a denúncia do velho que persiste com suas forças no conjunto da Igreja, a consciência da crise que se constata dentro da estrutura central da Igreja, o anúncio de um desejo de renovação da Igreja em nome de seu carisma fundamental, o esforço de apresentar uma nova relação entre a tradição e o presente, entre a doutrina e a vida... Francisco ainda irradia o carisma de renovador de que foi investido. Isso gera duas reações ativas opostas em relação à sua pessoa e seus projetos. A primeira é a da expectativa das mudanças estruturais da Igreja. Essa expectativa talvez não tenha a consciência da tradução inevitável da renovação em regras institucionais. Nesse sentido, uma permanência prolongada da fase carismática pode ter a função de agregar adeptos em torno de uma nova cultura eclesial que dará sustentação às futuras reformas institucionais. É o exercício do Espírito que poderá sustentar a letra da norma. A segunda é a da rejeição às mudanças. Ela tem seu nascedouro nos especialistas da instituição que rejeitam o novo para se manter em suas posições ali definidas e asseguradas. Nasce e se expande a partir dos que ocupam poderes dentro da Igreja. É a Jerusalém que mata os profetas. E, de fato, não tem faltado quem deseje a morte de Francisco como solução para seus ímpetos renovadores da Igreja. É a instituição que sufoca o carisma como perigo, como desvio e como heresia. As personalidades institucionais se identificam de tal modo com as estruturas e as regras estabelecidas que se moldam por elas e já não conseguem se abrir para o novo. Quando Francisco critica na Igreja a tradição fixa como museu e a burocracia como empresa, retira a segurança única daqueles que só conseguem viver como imagem e semelhança do sistema instituído. Por tal razão, esses se sentem na obrigação de avisar o papa do perigo de romper com a tradição (carta dos cardeais por ocasião do Sínodo para a Família 2015), de minimizar declarações de Francisco (como no caso da admissão de recasados à Eucaristia) e até mesmo de manifestar publicamente o desejo da morte do papa (episódio do bispo italiano Luigi Negri). A força de conservação é, sem dúvida, a maioria na Igreja atual, mesmo que em muitos ela se mantenha latente sob a aparência de fidelidade.

Francisco vem seguindo um percurso renovador próprio. João XXIII convocou um concílio para concretizar seu propósito e sobreviveu como seu ícone após sua morte. Em compensação, Francisco pode contar, diferentemente do que dispunha o *Papa bom*, com as próprias orientações conciliares; pode buscar no Concílio a legitimidade mais imediata de suas renovações. Francisco não editou um novo *Dictatus papae* para executar suas reformas, à semelhança da estratégia de Gregório VII (1075). O Código de Direito Canônico permanece o mesmo, bem como outras leis eclesiásticas menores. A reforma gradativa parece ser o caminho adotado. Como todas as estratégias, essa possui também seus limites; poderá desaparecer com a conclusão de seu pontificado e não deixa de gerar decepções em muitos sujeitos reformadores.

De agora em diante, as expectativas certamente crescerão na mesma proporção que as oposições. Os impacientes se manifestarão com mais frequência. Alguns chegam a perder a compostura católica da fidelidade ao Santo Padre. De sua parte, Francisco retoma seus propósitos reformadores em todas as oportunidades. A *Igreja em saída* para o serviço e o diálogo se mostra, de fato, como sua programática de pontificado. A opção pelos pobres, o diálogo com a sociedade e as religiões, as críticas ao liberalismo e ao consumismo permanecem como pautas de seus pronunciamentos. As oposições não lhe causam temores ou recuos, ao contrário, provocam a reafirmação de seus propósitos. Após os episódios envolvendo funcionários da Cúria, voltou a afirmar que fará a reforma da mesma, "doa a quem doer".

Na qualidade de papa, Francisco é um reformador com oportunidades raras de implantar seu projeto. É carisma que se instala legitimamente dentro da instituição, sem necessitar de rupturas drásticas e sem padecer, ao menos em princípio, dos processos regulares de repressão advindos da parte do poder religioso instituído. Em termos weberianos, ele é profeta e sacerdote, e como portador das duas legitimidades o poder sacerdotal não matará o profeta (também em princípio). Contudo, o poder da profecia necessita conquistar adeptos. O carisma profético rejeitado pelas personalidades institucionais precisa formar discipulado para que possa se expandir e sobreviver (cf. BOURDIEU, 2003, p. 90). Nessa direção, a reforma dos quadros pessoais da Cúria e do episcopado constitui caminho urgente e imediato que deverá, mesmo, anteceder as reformas estruturais. Trata-se de configurar um quadro político favorável e reprodutor das mudanças a serem efetivadas; do contrário, poderá acontecer a presença de vinho velho em odres novos. Pode-se pensar em três frentes reformadoras concomitantes e indispensáveis para que se possa pensar em uma nova rota para a Igreja: a) A reforma moral, executada por meio dos discursos – espontâneos e oficiais – e de disciplinas, de forma a criar uma nova cultura eclesial; b) A reforma dos quadros eclesiais: as nomeações de perfis afinados com as mudanças; c) A reforma das estruturas, a começar da Cúria Romana, mas chegando ao próprio Direito Canônico.

Essas renovações que escandalizam e geram rejeições são compreensíveis do ponto de vista sociológico, tendo em vista os campos de força tradicionalmente constituídos dentro da Igreja Católica. No entanto, no olhar da fé elas nascem do mais íntimo da Igreja que é o Evangelho. As rejeições de muitos à renovação da Igreja revelam fragilidade de fé e segurança institucional, demonstram a troca do tesouro pelo vaso de barro que o contém (cf. 2Cor 4,7). A longa história da tradição católica e o peso institucional da Igreja consolidaram posturas de resguardo irrestrito do passado, da lei e da organização burocrática, em nome de uma sacralidade imediata de todas essas estruturas. A Igreja sólida distante e oposta ao mundo que ainda persiste dispensa todo carisma renovador como perigo para a fé e ignora a autenticidade teológica das reformas em nome das fontes evangélicas e do diálogo com o mundo. Se sociologicamente essas rejeições diretas e indiretas às reformas da Igreja são compreensíveis, do ponto de vista da fé elas são escandalosas, como também o é a tolerância perante elas por parte de muitos prelados. Seminaristas afirmam que têm como papa a Bento XVI e não a Francisco. Padres se negam a dar absolvição ao pecado do aborto, conforme determina Francisco no Ano da Misericórdia, e outros rejeitam a possibilidade de discernir os casos particulares de segunda união com vistas à participação na Eucaristia. No mais, a indiferença mata o carisma da reforma franciscana numa letargia eclesial sempre mais visível. O relativismo, com razão tão temido por Bento XVI, parece ter chegado ao *éthos* católico da unidade com o bispo de Roma.

A *Igreja em saída* não perde sua identidade, ao contrário, realiza-a na medida em que assume como referência o Reino de Deus e como lugar de sua ação o mundo. A fé em Jesus Cristo remete para o seu Reino, o projeto de Deus para toda a criação que abrange toda a realidade de modo misterioso, que está na história, mas a transcende como realidade que desemboca no próprio Deus. A Igreja deverá ser toda Reino, jamais o Reino todo. O mundo é lugar do discernimento, do serviço e do diálogo da parte dos seguidores de Jesus. A Igreja é mundo, porém não reproduz as dinâmicas do mundo sem discerni-las à luz do Reino. É na transitividade permanente entre o Reino e o mundo que a Igreja se faz em sua natureza e missão. Essa é uma tarefa permanente que pode renová-la sempre.

O Evangelho é uma proposta de vida social que se concretiza em sujeitos eclesiais, ou seja, em individualidades conscientes de sua condição de seguidor de Jesus Cristo, autônomas em suas adesões e na busca de identificação com o Mestre, transitivas para os outros e ativas dentro da sociedade. Esse é um processo permanente de busca do ser cristão dentro de suas comunidades e do mundo que exige superação e todas as formas de isolamento e de dominação de um indivíduo sobre o outro, de massificação grupal. A vida em comunidades de relação direta, de compromisso com a educação mútua da fé, de compromisso com a sociedade e de diálogo com as diferenças, parece ser a forma de vivência do Evangelho nos tempos de individualismo. A vida eclesial foi desde sempre um projeto de vivência do seguimento de Jesus em cada tempo e lugar. Nunca encontrou uma organização definitiva. A *Ecclesia semper reformanda* se faz permanentemente na busca da identificação com o Mestre. Permanece a regra de não extinguir o espírito, discernir sua presença no mundo e ficar com o que é bom (cf. 1Ts 5,21).

O sujeito eclesial se faz inseparavelmente do sujeito social (econômico, político e cultural) (cf. PASSOS, 2014 [b]). Eles são construídos a partir de buscas comuns que exigem superação do individualismo e de todas as formas de massificação. Convergem na formação da consciência de si (como indivíduo que rompe com as massificações e alienações), como autonomia (que afirma a liberdade de adesão a valores e rejeita as imposições externas), como transitividade (como relação e diálogo com o outro, com as diferenças) e como ação (compromisso ético e político com a sociedade e com o planeta). A comunidade eclesial é uma célula pedagógica que forma sujeitos eclesiais (sociais); lugar de vivência e treinamento dos sujeitos em permanente formação; lugar de anúncio da reserva de sentido ético para a história e de antecipação utópica da comunhão de todos entre si, com a natureza e com o Criador. Na comunidade eclesial, a simplicidade e os desafios do amor se fazem presentes no rito e no gesto concreto, no perdão que chama para a consciência e para a ação coerente, no anúncio da Boa-Nova que chama para o discernimento e para a ação. O cristão é um ser-em-comunidade-no-mundo. Sem essa vida pessoal e social pode prevalecer o indivíduo religioso ou a massa fervorosa, a reprodução da tradição e a abstração teórica do Evangelho vivo. A *Igreja em saída* supera essas falsificações e busca a si mesma dentro do mundo.

As reformas da Igreja empunhadas por Francisco têm impacto direto nas estruturas e nos sujeitos que compõem o corpo eclesial. Embora tenha como alvo direto uma estrutura consolidada e uma tradição de longa duração, dirige-se aos pares imediatos e soa como ameaça real para os preservadores profissionais. Contudo, o "coração do Evangelho" é norma que se impõe para os membros da comunidade eclesial, o que dá toda autoridade para os propósitos reformadores de Francisco e, em princípio, os torna plausíveis. Não é o que ocorre com a *Laudato Si'*, dirigida aos católicos e cristãos, mas também aos homens de boa vontade. Se a doutrina ali apresentada é normativa para os católicos e, em certa medida, para os cristãos, não o é, contudo, para os não crentes. É verdade que o papa ainda goza de um poder político real não somente na qualidade de chefe de Estado, mas também de principal líder religioso do Ocidente e de referência diplomática mundial. Contudo, seus apelos sobre o planeta soam como utopias para o sistema econômico mundializado; longe de qualquer normatividade, convidam para o diálogo e se esforçam por somar as forças das referências éticas cristãs com uma ética civil comum. O percurso já sugerido por Hans Küng em seu *Projeto de ética mundial* (1992) é aqui reafirmado pelo papa: as religiões podem ser protagonistas de uma ética mundial capaz de conduzir a humanidade para uma finalidade comum que preserve a humanidade. A *casa comum* é apelo universal que exige esforço de todos os sujeitos éticos. Os cristãos são um desses sujeitos e buscam traduzir em posturas éticas e políticas comuns aqueles valores professados em seu universo específico. A Boa-Nova da criação se mostra, desse modo, como valor maior que permite incluir a todos em um mesmo projeto e como horizonte de concretização do Reino.

Para os cristãos, o mundo é o lugar de atuação dos seguidores de Jesus e o lugar de semeadura do Reino. É o chão onde a Boa-Nova se concretiza, ainda que lentamente e, muitas vezes, de maneira quase imperceptível (cf. EG 277). O mundo não precisa se tornar católico para ser evangelizado, mas deve se tornar, antes de tudo, mais fraterno. Sem fraternidade não há Cristianismo, ainda que demograficamente cresça o número dos confessos e dos batizados. O projeto de Cristianismo é, antes de tudo, ético; é um antropocentrismo que se torna condição do teocentrismo, uma vez que sem amor não há nem experiência nem conhecimento de Deus. No mundo, o cristão é testemunho e ação que afirma a vida como valor fundamental: como superação de todas as formas de negação da vida. O mistério pascal do mundo é redenção social e política, conquista da fraternidade que por si se torna presença de Deus. E a ação dos cristãos se encontra com a ação dos homens e mulheres de bem que buscam a igualdade, a liberdade e a paz para todos. De fato, o Vaticano II insere o mundo no universo maior do desígnio de Deus ao dizer que,

> quando cultiva a terra com o trabalho de suas mãos ou por meio da técnica, para que ela produza frutos e se torne uma habitação digna da família humana inteira, e quando participa conscientemente da vida dos grupos sociais, o homem realiza o plano de Deus, manifestado no início dos tempos, que é o de dominar a terra e completar a criação, e se aperfeiçoa a si mesmo. Observa ao mesmo tempo o grande mandamento de Cristo, que é o de despender-se no serviço aos irmãos. (GS 57)

A missão da Igreja no mundo é transformadora, uma vez que é a pessoa humana que deve ser salva e a sociedade é que deve ser renovada (cf. GS 3). A sociedade secularizada e plural é, com razoável certeza, uma fase sem voltas na escalada histórica da humanidade. É precisamente essa sociedade que pode acolher os valores fundamentais do Cristianismo como contributo para a convivência planetária, sem exigir uma adesão confessional. Numa visão teológica do mundo, essa postura não contradiz nem nega a fé cristã, ao contrário, a traduz em eficácia e a expressa como desígnio do próprio Deus, senhor do mundo e da história.

O Papa Francisco se dirige hoje a todos os homens de boa vontade. A criação que geme com as destruições resultadas de um modelo econômico e tecnológico clama por uma convergência ética e política de todos os que entendem a vida como um valor fundamental. O Evangelho da criação inclui a todos no projeto de vida digna para todos os habitantes do planeta (cf. LS 62-64). A salvação do sistema terra constitui uma tarefa comum para a humanidade, o que para os cristãos constitui uma urgência que decorre da própria fé.

A criação vive um estágio provisório e aguarda a consumação do plano de Deus no futuro. Ela já é portadora do Reino de Deus sem jamais reduzi-lo em conjunturas concretas, por mais perfeitas que sejam. O Reino de Deus é a grande reserva ético-escatológica que permite aos cristãos caminhar sempre para frente, sem jamais desanimar ou julgar que já tenha chegado ao fim. No mundo da efemeridade do consumo, em que tudo fica reduzido ao instantâneo, o futuro perde sua força provocadora de mudanças. O imediato se impõe como a regra da busca de felicidade: o quanto antes, com o maior benefício e com o menor esforço. O consumismo hedonista não pode esperar, e toda espera e construção paciente é vista como loucura e entrave à vida feliz. A crise das utopias sociais e políticas se inscreve nessa dinâmica cultural de fundo. Não há mais metas, mas ações eficazes imediatas. Não há mais valores que mereçam lutas e sacrifícios, mas experiências de bem-estar incessantes e sempre renováveis.

A fé cristã no Reino de Deus rompe com a passividade histórica e com as ilusões de plenitude histórica. O anúncio de valores comuns ainda não conquistados pela humanidade brota da fé no Reino ainda não consumado. A esperança de uma nova terra, longe de atenuar, "antes deve impulsionar a solicitude pelo aperfeiçoamento dessa terra" (GS 39). Por essa razão, continua a constituição, "ainda que o progresso deva ser cuidadosamente distinguido do aumento do Reino de Cristo, contudo é de grande interesse para o Reino de Deus, na medida em que pode contribuir para organizar a sociedade humana". Entretanto, será somente no fim de tudo que Cristo concluirá sua obra e a entregará ao Pai. O Reino já está entre nós, porém para além da Igreja e de sua própria ação e para além das ações humanas; está no tempo histórico, mas antes, acima e depois dele. Nenhuma instituição pode esgotar o Reino em sua organização ou em sua ética, nem a Igreja nem as conjunturas políticas. A afirmação dessa reserva permanente de sentido e de valores permanece como um contributo da fé cristã para os tempos do imediatismo que tudo consome e de ajustes das nações ao mercado mundial. A onipotência e a onipresença do mercado mundial o fazem divino: senhor dos povos e dos poderes políticos locais e digno de devoção por parte dos consumidores vorazes de seus bens. A falsa inclusão dos países pobres no sistema mundial e dos pobres nas práticas de consumo dispensa utopias de igualdade em nome de suas migalhas. O Evangelho da vida plena aponta para os limites hoje invisíveis desse regime. O Evangelho da criação renovada e completada deve ser um grito de todos os cristãos; grito que rompe com todas as imanências religiosas que se prendem e se reproduzem nos êxtases, nos milagres, nas teofanias ou nas normas, nos ritos e nas doutrinas congeladas.

O Reino de Deus desinstala a Igreja e a faz provisória e relativa. Ela é uma grandeza reflexa do Reino e, por isso mesmo, limitada em suas estruturas e em suas funções. O Reino a renova sempre e a lança para o diálogo com a exterioridade das culturas, da política, das religiões e das ciências, onde o Reino está presente em germe pela força do Espírito que dá vida e rumo a todas as coisas.

> O Espírito Santo trabalha como quer, quando quer e onde quer; e nós gastamo-nos com grande dedicação, mas sem pretender ver resultados espetaculares. Sabemos apenas que o dom de nós mesmos é necessário. (EG 279)

> No coração deste mundo, permanece presente o Senhor da vida que tanto nos ama. Não nos abandona, não nos deixa sozinhos, porque se uniu definitivamente à nossa terra e o seu amor sempre nos leva a encontrar novos caminhos. Que ele seja louvado! (LS 245)

BIBLIOGRAFIA

ABBAGNANO, Nicola. *Dicionário de filosofia*. São Paulo: Martins Fontes, 2007. Verbete "Crise".
ASLAN, Reza. *Zelota;* a vida e a época de Jesus de Nazaré. Rio de Janeiro: Zahar, 2013.
BAUMAN, Zygmunt. *Modernidade líquida*. Rio de Janeiro: Zahar, 2009.
BOFF, Clodovis. *Teologia e prática;* teologia do político e suas mediações. Petrópolis: Vozes, 1993.
BOFF, Leonardo. *Princípio-terra;* a volta à terra como pátria comum. São Paulo: Ática, 1995.
BOURDIEU, Pierre. *A economia das trocas simbólicas*. São Paulo: Perspectiva, 2003.
BRIGHENTI, Agenor. Verbete "Ver-Julgar-Agir". In: PASSOS, J. D.; SANCHEZ, W. L. *Dicionário do Concílio Vaticano II*. São Paulo: Paulus/Paulinas, 2015.
CASTELLS, Emanuel et al. *A crise e seus efeitos*. Rio de Janeiro: Paz e Terra, 2014.
CAMPBELL, Joseph. *O herói de mil faces*. São Paulo: Cultrix/Pensamento, 1997.
CHAMPION, Dean J. *A sociologia das organizações*. São Paulo: Saraiva, 1985.
CNBB. *Estudos da CNBB 107ª*. Brasília: Edições CNBB, 2015.
COMBLIN, José. *Antropologia cristã*. Petrópolis: Vozes, 1994.
CONCILIUM – Revista Internacional de Teologia 353 (2013/5). Petrópolis: Vozes, 2013.
CÓDIGO DE DIREITO CANÔNICO. São Paulo: Loyola, 1983.
COMPÊNDIO DO VATICANO II. Petrópolis: Vozes, 1985.
CONGAR, Yves. *Igreja e papado*. São Paulo: Loyola, 1997.
DELUMEAU, Jean. *O que sobrou do paraíso?* São Paulo: Companhia das Letras, 2003.
DIAS, Reinaldo. *Sociologia das organizações*. São Paulo: Atlas, 2008.

FAGGIOLI, Massimo. *Vaticano II;* a luta pelo sentido. São Paulo: Paulinas, 2013.
FERIGOLO, Jorge. *A epistemologia de Aristóteles*. São Leopoldo: Unisinos, 2015.
FRANCISCO. *A verdade é um encontro;* homilias proferidas na Casa Santa Marta. São Paulo: Paulinas, 2015.
_____. *Carta do Papa Francisco por ocasião do centenário da Faculdade de Teologia da Pontifícia Universidade Católica Argentina*. Disponível em: <http://w2.vatican.va/content/francesco/pt/letters/2015/documents/papa-francesco_20150303_lettera-universita-cattolica-argentina.html>.
_____. Encíclica *Laudato Si'*. São Paulo: Paulus/Loyola, 2015.
_____. Exortação *Evangelii Gaudium*. São Paulo: Paulinas, 2013. Coleção Voz do Papa, n. 198.
GIBELLINI, Rosino. *A teologia do século XX*. São Paulo: Loyola, 1998.
GIDDENS, Anthony. *As consequências da modernidade*. São Paulo: Unesp, 1991.
IHU. Disponível em: <http://www.ihu.unisinos.br>.
JOÃO PAULO II. Encíclica *Ut Unum Sint*. Disponível em: <http://w2.vatican.va/content/john-paul-ii/pt/encyclicals/documents/hf_jp-ii_enc_25051995_ut-unum-sint.html>.
JONAS, Hans. *O princípio responsabilidade;* ensaio de uma ética para a civilização tecnológica. Rio de Janeiro: Contraponto/Editora PUC-Rio, 2006.
JOSAPHAT, Carlos. Verbete "Colegialidade". In: PASSOS, J. D.; SANCHEZ, W. L. *Dicionário do Concílio Vaticano II*. São Paulo: Paulus/Paulinas, 2015.
KASPER, Walter. *A Igreja Católica;* essência, realidade, missão. São Leopoldo, Unisinos, 2013.
KLOPPENBURG, Boaventura. *Concílio Vaticano II*. Petrópolis: Vozes, 1963. Vol. III.
_____. *Concílio Vaticano II*. Petrópolis: Vozes, 1966. Vol. V.
KÜNG, Hans. *A Igreja tem salvação?* São Paulo: Paulus, 2012.
_____. *Projeto de ética mundial*. São Paulo: Paulus, 1992.
_____. *Teologia a caminho;* fundamentação para o diálogo ecumênico. São Paulo: Paulinas, 1999.

LEGRAND, Hervé. *O primado romano, a comunhão entre as Igrejas e a comunhão entre os bispos*. Concilium 353(2013/5). Petrópolis: Vozes, 2013.

LIBANIO, J. Batista. *A volta à grande disciplina*. São Paulo: Loyola, 1984.

_____. *Concílio Vaticano II;* em busca de uma primeira compreensão. São Paulo: Loyola, 2005.

LIPOVETSKY, Gilles. *A felicidade paradoxal;* ensaio sobre a sociedade do hiperconsumo. São Paulo: Companhia das Letras, 2008.

_____. *A sociedade pós-moralista;* o crepúsculo do dever e a ética indolor dos novos tempos democráticos. Barueri: Manole, 2005.

_____. *O império do efêmero;* a moda e seu destino nas sociedades modernas. São Paulo: Companhia das Letras, 1989.

LIPOVETSKY, Gilles; SERROY, Jean. *A cultura-mundo;* resposta a uma sociedade desorientada. São Paulo: Companhia das Letras, 2011.

_____. *A estetização do mundo;* viver na era do capitalismo artista. São Paulo: Companhia das Letras, 2015.

MESTERS, Carlos. *Paraíso terrestre;* saudade ou esperança? Petrópolis: Vozes, 1996.

MOLTMANN, Jürgen. *Ciência e sabedoria;* um diálogo entre ciência natural e teologia. São Paulo: Loyola, 2007.

PASSOS, J. Décio (org.). *Sujeitos no mundo e na Igreja;* reflexões sobre o laicato a partir do Concílio Vaticano II. São Paulo: Paulus, 2014 (a).

_____. *Concílio Vaticano II;* reflexões sobre um carisma em curso. São Paulo: Paulus, 2014 (b).

PAULO VI. *Evangelii Nuntiandi*. São Paulo: Paulinas, 1976.

PONTIFÍCIO CONSELHO "JUSTIÇA E PAZ". *Compêndio da Doutrina Social da Igreja*. São Paulo: Paulinas, 2005.

QUINN, John R. *Reforma do papado;* indispensável para a unidade cristã. Aparecida; Santuário, 2002.

TOURAINE, Alain. *Poderemos viver juntos?* Iguais e diferentes. Petrópolis: Vozes, 1999.

WEBER, Max. *Economía y sociedade*. México: Fondo de Cultura Económica, 1997.

Impresso na gráfica da
Pia Sociedade Filhas de São Paulo
Via Raposo Tavares, km 19,145
05577-300 - São Paulo, SP - Brasil - 2016